行政救济法论

第二届行政救济法论坛论文集

曾祥华　王琼雯◇主编

XINGZHENG JIUJI FA LUN

DIERJIE XINGZHENG JIUJIFA LUNTAN LUNWENJI

法律出版社
LAW PRESS CHINA

目　　录

主题一　《行政诉讼法》实施研究

主题二　《行政复议法》修正研究

主题三 国家监察委员会制度研究

主题四 行政法基本理论

主题一　《行政诉讼法》实施研究

我国《行政诉讼法》第82条第1款的适用问题*

葛先园**

内容提要 我国修订后的《行政诉讼法》第82条第1款规定了人民法院有权直接决定适用简易程序审理的三类行政案件。同时,该款以“事实清楚、权利义务关系明确、争议不大”的实质条件制约人民法院实际适用简易程序审理此三类案件。不过,该款采取裁量主义标准,导致人民法院对是否适用简易程序的裁量权过大。该款没有限制适用简易程序审理行政案件的人民法院的级别,在理论上,我国四级人民法院皆可适用简易程序审理行政案件,实践中也已有中级人民法院适用简易程序审理了行政案件,这在逻辑上与我国行政诉讼级别管辖的基本理念严重冲突。该款第3项列举了人民法院有权直接决定适用简易程序审理政府信息公开案件,而这正是该条款面临的最大挑战。实证数据显示,绝大部分政府信息公开案件相当复杂,不宜适用简易程序审理。此外,新《行政诉讼法》实施后人民法院的司法实践表明,该款第3项有可能逐渐沦为“休眠条款”,从规范主义意义上而言,第3项也应该成为“休眠条款”。

关键词 行政诉讼法 第82条第1款 行政诉讼 简易程序

---

* 该文曾在《学习与探索》2016年第7期发表,特此声明。

** 葛先园,安徽财经大学法学院教授、副院长、硕士研究生导师。

修订后的《中华人民共和国行政诉讼法》(以下简称《行政诉讼法》)第82条、第83条、第84条增设了行政诉讼简易程序的规定,弥补了我国1989年《行政诉讼法》没有规定简易程序的缺憾。至此,我国三大诉讼法都构建了简易程序制度。不过,新《行政诉讼法》第82条第1款作为行政诉讼简易程序的核心条款,在适用过程中却遇到了不少的问题。本文详析之。

一、该款导致人民法院对是否适用简易程序的裁量权过大

其一,对于人民法院有权直接决定适用简易程序审理行政案件的条件,第82条第1款采取的是裁量主义标准。[1] 这是在与我国《民事诉讼法》第157条第1款、我国台湾地区"行政诉讼法"第229条第2项相比较之后得出的结论。首先,该款与我国《民事诉讼法》第157条第1款的立法理念完全不同。从表面上看,貌似无论行政诉讼简易程序还是民事诉讼简易程序,适用条件都是"事实清楚、权利义务关系明确、争议不大"的案件,然而,关于何谓"事实清楚、权利义务关系明确、争议不大"的案件,两部法律的标准并不一致。《民事诉讼法》第157条第1款贯彻的是法定主义标准,"基层人民法院和它派出的法庭审理事实清楚、权利义务关系明确、争议不大的简单的民事案件",适用简易程序;新《行政诉讼法》第82条第1款采取了裁量主义标准:人民法院"认为"该款列举的三类行政案件在"事实清楚、权利义务关系明确、争议不大"的情况下,可以适用简易程序。其次,该款与我国台湾地区"行政诉讼法"第229条第2项相比较,前者的裁量主义标准、后者的法定主义标准更加明显。我国台湾地区"行政诉讼法"第229条第2项的第一句是:"下列各款行政诉讼事件,适用本章所定之简易程序",继而列举了六类适用简易程序的案件。另外,为了落实其适用简易程序的法定主义标准,第229条第3项强调:"前项所定数额,'司法院'得因情势需要,

---

[1] 新《行政诉讼法》第82条第1款:"人民法院审理下列第一审行政案件,认为事实清楚、权利义务关系明确、争议不大的,可以适用简易程序:(一)被诉行政行为是依法当场作出的;(二)案件涉及款额二千元以下的;(三)属于政府信息公开案件的。"

以命令减为新台币二十万元或增至新台币六十万元。”也就是说，什么样的案件适用简易程序审理，不仅审理个案的“行政法院”完全没有裁量权，就算作为有权解释法律的“司法院”，其权力也非常有限，要受到法律的严格限制。

需要补充说明的是，有观点认为，新《行政诉讼法》第 82 条第 1 款、《民事诉讼法》第 157 条第 1 款的立法理念没有差异，两者采取的都是裁量主义标准。理由在于：无论是行政案件还是民事案件，具体个案是不是“事实清楚、权利义务关系明确、争议不大”，都是由人民法院最终认定的。笔者认为，这种理由没有说服力。一方面，新《行政诉讼法》第 82 条第 1 款与《民事诉讼法》第 157 条第 1 款的表达方式明显有不同，就算仅仅进行语义分析，前者与后者的法律效果也不可能一样；另一方面，法律条款最终都可能被司法者适用，如果把司法者对法律条款的适用等同于该法律条款贯彻的就是裁量主义标准，显然是不合常理的荒谬说法。同理，我国台湾地区“行政诉讼法”所列的六类适用简易程序的案件，具体个案当然也是由其“地方法院行政诉讼庭”认定的，[1]但同样不能认为其是裁量主义标准的结果。

其二，新《行政诉讼法》第 82 条第 1 款不仅在何谓“事实清楚、权利义务关系明确、争议不大”的行政案件方面采取了裁量主义标准，其还进一步在即使人民法院已判定某具体个案属于“事实清楚、权利义务关系明确、争议不大”之行政案件的情况下，采取“法院裁量主义”——该款第一句后半段的模态词是“可以”，而不是“应当”适用简易程序。这等于是在规定了简易程序的适用条件之后，又放弃了规定的适用条件，没能重视法条主义的价值——适用条件本身成了法官可以裁量适用的对象。尽管法条主义并非完美无瑕，其也受到诸多批判，但在当下中国，法条主义仍是我们应该竭力捍卫的。法条主义不仅形塑了法治国

---

〔1〕 我国台湾地区的“行政法院”原先只有两级（“地方高等行政法院”和“最高行政法院”）。2011 年“行政诉讼法”修订时，规定在“地方法院”增设“行政诉讼庭”。当然，“地方法院行政诉讼庭”并不是独立设置的“行政法院”，仅是根据其“行政诉讼法”有权受理行政案件的最低一级审判机构。

家中的守法意识、法律思维,同时也形塑了“法律主治”的基本法治意识形态。“在某种意义上,法条主义是一套虽然难以言传,但却是人们‘一以贯之’的个人行为准则甚至是宪政原则”。[1] 因此,新《行政诉讼法》第82条第1款对法条主义的疏离,不值得提倡。

需要回应的是,有观点指出,民法乃至刑法条文中有大量的模态词“可以”,如我国《刑事诉讼法》第208条第1款关于适用简易程序审理刑事案件也有模态词“可以”,它们都没有遭到质疑,现在质疑新《行政诉讼法》第82条第1款的模态词“可以”,说它没有重视法条主义的价值,理由何在?笔者的回答是,民法是典型的私法,其基本理念是“法无禁止即自由”“法无禁止即可为”,因而民法主要由任意性规范构成,存在大量的模态词“可以”当然是合理的,也是必要的。刑法属于实体法,模态词“可以”主要集中在量刑条款上,这是现代刑法体认客观世界的无限复杂性和刑法制定者对形态万千的量刑情节之预测的有限性,继而放弃或大量减少刑法规定绝对刑的结果。刑法中的这些模态词“可以”尊重法官在个案中的自由心证,有利于实现个案量刑公正。《刑事诉讼法》第208条第1款规定的“可以适用简易程序审判”,其前提条件与新《行政诉讼法》第82条第1款“可以适用简易程序”审理的前提条件并不相同。《刑事诉讼法》第208条第1款规定的“可以适用简易程序审判”的前提条件之一是“案件事实清楚、证据充分”。在这样严格的条件限制之下,人民法院裁量适用简易程序审理刑事案件,对被告人权利的保障强度不会有实质性的降低。《刑事诉讼法》第208条第1款“可以适用简易程序审判”的其他前提条件还强调被告人对适用简易程序审理“没有异议”,尊重了被告人的程序选择权。反观新《行政诉讼法》第82条第1款规定的“可以适用简易程序”,并不具备这样的前提条件。

新《行政诉讼法》第82条第1款关于适用简易程序之“裁量主义”立法模式,导致人民法院对是否适用简易程序的裁量权过大,其负面法律效果较为明

---

〔1〕 王国龙:《捍卫法条主义》,载《法律科学》2011年第4期,第41页。

显。人民法院有权裁量适用简易程序的结果不外乎有三种情况:其一是人民法院的裁量不偏不倚,公正合理。这种情况的出现,需要大量的内外积极因素的良性互动。譬如,就外部因素而言,需要法治环境优良,人民法院乃至审理个案的法官的独立审判有保障,案件的证据丰富,证据链完整等;就内部因素而言,要求法官的业务素质高、职业道德高尚等。坦诚地说,我国目前这些积极因素尚不健全,因而"人民法院的裁量不偏不倚,公正合理"这种情况出现的概率不会很高。其二是人民法院过多地适用简易程序审理案件,导致对行政诉讼当事人(主要是原告)的程序性乃至实体性权利保障不力。适用简易程序审理行政案件提高了行政审判的效率,但客观上往往会导致对原告权利保障强度的降低——毕竟,与普通程序相比较,简易程序并非仅仅是程序的简化,普通程序能为原告权利提供更强有力的保障。〔1〕 其三是人民法院适用简易程序审理的行政案件过少,没有达到立法者的预期,行政诉讼简易程序条款形同虚设。

二、该款与行政诉讼级别管辖的基本理念相冲突

新《行政诉讼法》第 82 条第 1 款没有限制适用简易程序审理案件的人民法院的级别,因而在理论上,我国四级人民法院只要审理第一审行政案件,皆有可能适用简易程序审理。当然,在司法实践中,最高人民法院审理第一审行政案件的概率基本上为零,各高级人民法院适用简易程序审理第一审行政案件的概率也基本上为零。不过,自新《行政诉讼法》实施以来,中级人民法院适用简易程序审理第一审行政案件是客观存在的。〔2〕 新《行政诉讼法》第 82 条第 1 款没有限制适用简易程序审理第一审行政案件的人民法院的级别,这一点与《刑事诉讼法》第 208 条第 1 款、《民事诉讼法》第 157 条第 1 款,以及我国台湾地区"行政诉讼法"第 229 条第 1 项的规定都不一样。后三者皆规定有权适用简易程序审理第一审案

〔1〕 参见许育典:《简易程序等于通常程序?》,载《月旦法学教室》2010 年第 7 期,第 1 页。

〔2〕 例如,山东省德州市中级人民法院(2015)德中行初字第 34 号判决书,就是适用简易程序审理作出的。

件的法院只能是最低一级有权审理案件的法院。〔1〕

就算司法实践中除基层人民法院，只有中级人民法院会实际适用简易程序审理第一审行政案件，这样的情况也与行政诉讼级别管辖的基本理念相冲突。这要从新《行政诉讼法》第15条对1989年《行政诉讼法》第14条的修订说起。根据新《行政诉讼法》第15条的规定，由中级人民法院管辖的第一审行政案件包括四类：一是对国务院部门或者县级以上地方人民政府所作的行政行为提起诉讼的案件；二是海关处理的案件；三是本辖区内重大、复杂的案件；四是其他法律规定由中级人民法院管辖的案件。这与1989年《行政诉讼法》第14条相比：第一，删除了确认发明专利权的案件；第二，将对县级以上地方人民政府所作的行政行为提起诉讼的案件改写进去；第三，增加了"其他法律规定由中级人民法院管辖的案件"作为兜底条款。

新《行政诉讼法》第15条为何要如此修订呢？根据中国人大网公布的《关于〈中华人民共和国行政诉讼法修正案（草案）〉的说明》，其目的是"为了解决行政案件审理难问题"。早在对1989年《行政诉讼法》修订之前，学界已认识到，造成行政案件审理难的不少原因都与管辖制度不够合理有关。例如，1989年《行政诉讼法》对有些案件规定的管辖法院级别过低，没有看清在我国司法权难以与行政权相抗衡的事实，导致案件审理难。〔2〕当时理论及实务界对通过管辖制度改革解决案件审理难问题提出了多种构想，主要包括增设行政法院、适度集中管辖、合理交叉管辖、强化指定管辖、扩大提级审理权力等路径。〔3〕新《行政诉讼法》采纳了两方面的成果：其一，第18条第2款规定了跨行政区域管辖行政

---

〔1〕我国台湾地区"行政诉讼法"第229条第1项："适用简易程序之事件，以地方法院行政诉讼庭为第一审管辖法院。""地方法院行政诉讼庭"是我国台湾地区最低一级有权受理行政案件的审判机构。

〔2〕参见黄学贤、杨红：《论行政诉讼管辖困境之形成及其突破》，载《法学评论》2013年第6期，第39页。

〔3〕参见江必新：《完善行政诉讼制度的若干思考》，载《中国法学》2013年第1期，第9页。

案件（适度集中管辖与合理交叉管辖理论推动的结果）；其二，第 15 条扩大中级人民法院管辖的第一审行政案件的范围（强化指定管辖与扩大提级审理权力理论间接推动的结果）。因此，《行政诉讼法》第 15 条扩大中级人民法院管辖的第一审行政案件的范围是最简便、最直接的方法。

中级人民法院管辖的行政案件的特征是：要么案情复杂、权益交错，要么被告行政权力难以控制，优势明显。申言之，新《行政诉讼法》第 15 条在确立中级人民法院管辖第一审行政案件范围时，秉持的基本理念和标准是：把案情复杂、较难审理的案件纳入中级人民法院管辖。但现在的问题是，《行政诉讼法》第 82 条第 1 款规定的三类案件，尽管并不绝对都是"事实清楚、权利义务关系明确、争议不大"的简单行政案件，但是，只要适用简易程序审理，逻辑上而言，就应该是简单的行政案件（该款要求人民法院适用简易程序审理的前提条件是"认为"这些具体案件属于简单的行政案件）。更直白的归纳是：第一，根据新《行政诉讼法》第 15 条的规定，凡中级人民法院管辖的第一审行政案件，皆属于案情复杂、基层人民法院难以审理的案件。第二，根据新《行政诉讼法》第 82 条第 1 款的规定，凡人民法院决定适用简易程序审理的该款列举的三类行政案件，皆属于"事实清楚、权利义务关系明确、争议不大"的简单案件。第三，根据新《行政诉讼法》第 82 条第 1 款的规定，中级人民法院有权适用简易程序审理行政案件。第四，如果中级人民法院适用简易程序审理行政案件，既须是简单的案件，又定是复杂的案件。理论上延伸至最高人民法院、各高级人民法院适用简易程序审理的第一审行政案件，与之同理。

新《行政诉讼法》第 82 条第 1 款与第 15 条之间关系的窘境，究竟是由前者还是后者的不合理造成的呢？这可从何者是深思熟虑的结果，何者是"临时起意"的产物中得到答案。我国 1989 年《行政诉讼法》构建的行政诉讼管辖制度，到新《行政诉讼法》公布为止，已有三次明显的完善过程：第一，1999 年最高人民法院司法解释对行政诉讼管辖制度的完善；第二，2002 年至 2008 年地方人民法院司法实践对完善行政诉讼管辖制度的探索与创新；第三，2008 年《最高人民法院关于行政案件管辖若干问题的规定》对司法实践经验的总结、认可、提炼、提升。[1] 新《行政诉讼法》是在此基础上的再完善。另外,行政诉讼案件第一审以基层人民法院管辖为原则,中级及其以上人民法院管辖为例外。根据一般人的经验常识,皆能判断之所以规定"例外"情况,定然是"例外案件"案情复杂、基层人民法院难以审理。因此,新《行政诉讼法》第 15 条的规定及其秉持的基本理念和标准是合理的。

反观新《行政诉讼法》第 82 条第 1 款,一方面,该款列举的三类案件不是根据统一的归类标准作出的,导致三类案件在外延上存在交叠;[2] 另一方面,政府信息公开案件作为该款第 3 项的内容,从最初出场到最终被纳入,过程非常突然,也没有实质性理由说明。[3] 此外,在比较法视野下,鲜见如我国新《行政诉讼法》第 82 条第 1 款的立法样态。譬如,我国台湾地区"行政诉讼法"第 229 条采取法定列举、法定适用的方式,所列举的六类案件边界明晰,"地方法院行政诉讼庭"法官的程序裁量权空间非常有限,只能按图索骥,照章办事。《法国行政诉讼法典》没有"简易程序"章节,但有独任制审判程序方面的规定,因而独任制审判程序本质上就是其行政诉讼简易程序。根据《法国行政诉讼法典》第 122－12条、第 222－1 条、第 222－13 条的规定,独任制审判可以适用于三类情

[1] 参见葛先园:《人民法院跨行政区域管辖行政案件路径探索——以新〈行政诉讼法〉第 18 条第 2 款为中心》,载《苏州大学学报(哲学社会科学版)》2015 年第 2 期,第 85 页。

[2] 参见葛先园:《我国行政诉讼简易程序检视——以新〈行政诉讼法〉第 82 条为中心》,载《法律科学》2016 年第 2 期,第 182 页。

[3] 中国人大网 2013 年 12 月 31 日公布的《行政诉讼法修正案(草案)》第一次审议稿中没有政府信息公开案件可以适用简易程序审理的内容。该内容的第一次亮相是 2014 年 8 月 31 日公布的《行政诉讼法修正案(草案二次审议稿)》第 79 条,该条规定:"人民法院审理事实清楚、权利义务关系明确、争议不大的下列第一审行政案件,可以适用简易程序:(一)被诉行政行为是依法当场作出的;(二)案件涉及款额一千元以下的;(三)属于政府信息公开案件的。"其中第 1 项、第 2 项是草案第一次审议稿第 79 条已有的。对于草案二次审议稿突然增写的第 3 项内容,按理说立法者应该充分说明理由,但是,全国人大法律委员会在《关于〈中华人民共和国行政诉讼法修正案(草案)〉修改情况的汇报》中仅仅提到"法律委员会经研究,建议在简易程序适用范围中增加'属于政府信息公开案件的'情形"。

形:裁定终止诉讼、对类型化案件的裁定、裁判简单的案件。对于前两类案件,法国的三级行政法院都可通过独任法官发布裁定来处理。不过我们可以发现:第一类情形不涉及实体问题;第二类情形被视为实体问题已经过合议庭的处理,独任法官只要"机械地"照搬这类案件的处理方式即可;第三类情形尽管指向"简单"的案件,却也只能由初审行政法院审理。[1]《德国行政法院法》亦没有名为"简易程序"的章节,独任制审判程序就是其简易程序。据《德国行政法院法》第2条、第5条、第6条规定,独任制审判程序只适用于州的行政法院(其最低级别的审理行政案件的法院),不适用于州的高等行政法院和联邦行政法院。根据第6条第1款,独任制审判程序只适用于"未显示案件中存在法律上或事实上的困难,或案件不具有基本原则的意义"的案件。[2]

至此可以得出结论:我国新《行政诉讼法》第82条第1款与第15条之间关系的悖论,不是第15条关于级别管辖制度的规定造成的,而是由于第82条第1款制定过程匆忙、归类逻辑不严密、归类标准不统一,未借鉴其他国家和地区的经验造成的。

三、该款第3项的逻辑悖论导致其应成为"休眠条款"

新《行政诉讼法》第82条第1款的内在逻辑表明,立法者认为大部分政府信息公开案件皆是简单的行政案件。理由是,如果立法者对政府信息公开案件的定位不是这样,那么为什么将其与另外两类绝大部分都属于简单的行政案件并列呢?立法者列举该三类案件,是为了呈现可以适用简易程序审理的行政案件的外在形式,可称之为适用简易程序的形式要件。"事实清楚、权利义务关系明确、争议不大"是对人民法院能否真正决定适用简易程序审理该三类行政案件

---

〔1〕 参见陈天昊:《公正、效率与传统理念——21世纪法国行政诉讼的改革之路》,载《清华法学》2013年第4期,第115页。

〔2〕 参见[德]G.平特纳著:《德国普通行政法》,朱林译,中国政法大学出版社2000年版,第259~260页。

的实质性约束，因而可称之为适用简易程序的实质要件。换句话说，如果行政案件不具备“事实清楚、权利义务关系明确、争议不大”这样的实质条件，即使属于所列举的三类行政案件，人民法院也无权直接决定适用简易程序审理。[1] 由此可见，立法者规定的该三类案件，既是教示制度的体现，亦具有实质性。说其是教示制度的体现，意指该款是要引导法官在适用简易程序审理行政案件时考虑该三类案件；说其具有实质性，意指立法者之所以规定了这三类案件，是因为立法者认为它们确实是简单行政案件的典型，它们的绝大部分皆属于“事实清楚、权利义务关系明确、争议不大”的行政案件。

然而，学界的实证研究已经证明，大部分政府信息公开案件不仅不是简单的行政案件，更是复杂程度超乎想象的行政案件。其一，早在对1989年《行政诉讼法》修订之前，有学者通过对315件政府信息公开案件的实证研究得出结论：此类案件原告胜诉寥寥无几，且上诉率高；人民法院难以通过证据查清行政机关是否拥有应该公开的信息，全凭行政机关的诚信；只要涉及所谓“三大秘密”的，人民法院就难以形成自己的独立判断；依申请公开纠纷案件居绝对多数，原被告意见分歧大；内容涉及土地资源、城市规划、房屋产权、征收征用、许可登记、审计监督等非常广泛的领域。[2] 其二，政府信息公开案件涉及不少专业概念，《政府信息公开条例》对其规定得并不明确，实践中存在大量的分歧。譬如，对何谓不需公开的内部管理信息聚讼纷纭；[3] 对于政府信息公开视角下的不动产登记查询规则，观点众多；[4] 对政府公开信息过程中是否有将信息分类

---

[1] 当然，前已论述，由于第82条第1款采取的是法院裁量主义，这种实质性约束在实践中会大打折扣。

[2] 参见余凌云：《政府信息公开的若干问题——基于315起案件的分析》，载《中外法学》2014年第4期，第909页。

[3] 参见梁艺：《政府信息公开中“内部管理信息”的判定》，载《行政法学研究》2015年第1期，第117页。

[4] 参见高圣平：《政府信息公开视角下的不动产登记查询规则》，载《法学》2015年第1期，第66页。

公开的义务，莫衷一是。[1] 其三，更加复杂但不可回避的是，政府信息公开牵涉多元主体的利益平衡，多元主体的价值取向皆不相同。“倾向于公开的公共利益与知情权、民主政治、公众参与等价值相关，而不公开背后的公共利益则更多隐含在信息公开的例外事项中。利益主体的多元性和公共利益的两面性，加大了政府信息公开中利益衡量的复杂程度。”[2] 其四，“掣肘信息公开的主要是缺少操作的细节，对法律的认识不统一。具体包括什么是政府信息？如何理解‘谁制作、谁公开’？主动公开和依申请公开指向的信息是否不同？‘三需要’的用途？如何理解不予公开的例外？哪些属于公共企事业单位范畴？与相关法律的冲突如何解决？”[3]

在学界上述研究成果的基础上，笔者以更加直观的方式（数据统计的方式）证明了大部分政府信息公开纠纷案件不仅不是简单的案件，而且是比行政处罚、行政许可、行政强制、行政确认等类型的案件更加复杂、当事人意见分歧更大的案件。笔者通过数据统计发现，在新《行政诉讼法》实施前，同样都是以普通程序审理的各类行政案件，政府信息公开案件的上诉率比其他案件的上诉率更高。笔者的具体做法是：假定案件上诉率是衡量各类案件复杂与否、争议大小与否的标准（这个标准比较具有科学性、合理性，案情复杂、争议较大的案件上诉率相对较高，符合经验常识），在“北大法宝”检索政府信息公开、行政处罚、行政许可、行政强制等案件，核算各类行政案件的上诉率，以其衡量该类案件复杂程度、争议大小。案件检索至 2015 年 2 月 10 日（2015 年 5 月 1 日新《行政诉讼法》实施，其后有些政府信息公开案件是适用简易程序审理的。为了只统计以普通程

---

〔1〕 参见董妍：《政府信息公开中行政主体的信息分类义务》，载《行政论坛》2015 年第 2 期，第 53 页。

〔2〕 王敬波：《政府信息公开中的公共利益衡量》，载《中国社会科学》2014 年第 9 期，第 105 页。

〔3〕 余凌云：《政府信息公开的若干问题——基于 315 起案件的分析》，载《中外法学》2014 年第 4 期，第 909 页。

序审理的各类案件,随机确定了新《行政诉讼法》实施之前的一个截止日期 2015 年 2 月 10 日。按照概率论原理,越是随机抽取的样本,据此统计所得数据越是接近整体的真实状况),数据如下表所示。

人民法院按普通程序审理的各类行政案件统计表

案件类型	检索路径及检索项	检索词	案件数量(件)	上诉率(%)
信息公开	检索路径:北大法宝↓司法案例↓行政案例 检索项:标题、关键词	信息公开	1048	26.1
		信息公开上诉	274	
行政处罚		行政处罚	5044	12.7
		行政处罚上诉	640	
行政许可		行政许可	1096	14.2
		行政许可上诉	156	
行政强制		行政强制	668	12.9
		行政强制上诉	86	
行政征收		行政征收	983	6.8
		行政征收上诉	67	
行政确认		行政确认	2578	14.0
		行政确认上诉	361	

新《行政诉讼法》实施后,人民法院对大部分政府信息公开案件是否宜以简易程序审理,有着非常清醒的认识。2015 年 5 月 1 日以来,绝大部分政府信息公开案件仍是适用普通程序审理的,适用简易程序审理的比例很小。笔者在"中国裁判文书网"中以"案件类型:行政案件;案件名称:政府信息公开;审判程序:一审;法院地域:安徽省文书;类型:判决书;裁判年份:2015"为检索条件,检索到政府信息公开纠纷一审案件 24 件(剔除了 5 月 1 日前的案件),其中,基层人民法院审理 22 件(适用简易程序审理的仅 1 件);中级人民法院审理 2 件(无适用简易程序审理的案件)。笔者以同样检索条件对其他数个省份法院审理的政府信息公开案件进行检索,发现适用简易程序审理的比例都不高。这说明,新《行

政诉讼法》规定政府信息公开案件可以适用简易程序审理，人民法院并没有普遍认同，其在司法实践中有可能逐步沦为“休眠条款”。从规范主义意义上而言，其亦应成为“休眠条款”。

尽管新《行政诉讼法》第 82 条第 1 款的创新特征明显，但由于其有些内容的制定过程匆忙，列举案件类型时的归类标准不统一、逻辑不够严密，没有注重借鉴我国《民事诉讼法》以及其他国家或地区的行政诉讼法关于简易程序或独任制审判程序的成熟立法经验，结果导致第 82 条第 1 款较为“另类”，适用过程中存在不少难以克服的困境。

行政协议判决方式及适用规则的完善

魏　琼* 　卢立媛**

内容提要 《行政诉讼法》及其司法解释对行政协议案件的行政诉讼判决方式及适用规则有了相应的规定。基于行政协议行政性与协议性兼备的特质以及司法实践中出现的各种情况，结合相关国家或地区的优秀经验以及我国学术理论和司法实践，本部分将从对判决方式进行补充和适用组合判决两方面出发，对行政协议案件的判决方式及适用规则提出两点可行性意见或建议，以期能够更好地指导实践。

关键词 行政协议　判决类型　组合判决

引言

在2015年5月1日之后，《中华人民共和国行政诉讼法》（以下简称《行政诉讼法》）赋予了法院保障行政协议在合法的范围内进行的司法权力，对行政协议案件进行司法救济。[1] 从2015年到笔者进行统计的2017年6月17日，中国裁判文书网上以“行政协议”为关键词的搜索结果多达6788个，其中与行政案

---

* 魏琼，华东政法大学教授、博导。

** 卢立媛，贵阳铁路运输法院政法干警、华东政法大学2015级法律硕士。

〔1〕《中华人民共和国行政诉讼法》第12条：“人民法院受理公民、法人或者其他组织提起的下列诉讼：……（十一）认为行政机关不依法履行、未按照约定履行或者违法变更、解除政府特许经营协议、土地房屋征收补偿协议等协议的；……”

件相关的有 2513 个,与行政判决相关的有 1556 个。[1] 笔者将结合相关案件的判决以及法律规定,从对判决方式进行补充和适用组合判决两方面着手,提出关于完善行政协议判决方式及适用规则的看法,以期能够为构建周延的行政协议案件的行政判决体系提供相应理论支撑。

一、行政协议案件判决方式的补充

除《行政诉讼法》及其司法解释规定的几种判决方式外,考虑到行政协议的行政性与协议性,笔者认为,行政协议案件还可以适用其他几种判决方式,如确认行政行为违法判决、确认协议效力待定判决、确认协议未生效判决、撤销判决等。

(一)确认行政行为违法判决

《行政诉讼法》及其司法解释中并未规定在行政协议案件中可以适用“确认违法”的判决,但笔者认为,行政协议作为一种行政行为,在条件符合且适用其他判决方式都不是很妥当的情况下,应当可以适用《行政诉讼法》规定的确认违法判决。[2] 以统邦集团有限公司诉浙江省遂昌县人民政府行政协议纠纷案[3]和位改芹等诉河南省洛阳市国土资源局作出出让国有土地使用权批复及其与洛阳市南华集团有限公司签订国有土地使用权出让合同案[4]为例。前者法院判决确认原被告双方签订的行政协议合法有效,并确认被告未按照约定履行协议

---

〔1〕 参见中国裁判文书网,http://wenshu.court.gov.cn/,2017 年 6 月 17 日访问。

〔2〕《中华人民共和国行政诉讼法》第 74 条:“行政行为有下列情形之一的,人民法院判决确认违法,但不撤销行政行为:(一)行政行为依法应当撤销,但撤销会给国家利益、社会公共利益造成重大损害的;(二)行政行为程序轻微违法,但对原告权利不产生实际影响的。行政行为有下列情形之一,不需要撤销或者判决履行的,人民法院判决确认违法:(一)行政行为违法,但不具有可撤销内容的;(二)被告改变原违法行政行为,原告仍要求确认原行政行为违法的;(三)被告不履行或者拖延履行法定职责,判决履行没有意义的。”

〔3〕 参见(2015)浙丽行初字第 48 号。

〔4〕 参见(2016)豫 7102 行初 159 号。

的行为违法；后者法院判决认为被告作出的批复及其与原告签订国有土地使用权出让协议的程序违法，但未达到重大且明显的程度。因此，判决确认行政行为违法。

（二）确认行政协议效力待定判决

毋庸置疑，行政主体必须依据法定的职权与相对人订立行政协议。但是，对于行政主体在缔约时并未获得缔约之权力，但是，其上级机关有这一权力的情况，法院是否该对其作出确认协议无效的判决？根据《合同法》第52条关于合同无效情形的规定，可以看出《合同法》并没有合同当事人没有缔约资格或主体资格就导致合同无效的规定。究其原因，《合同法》倡导私法自治、意思自治精神，以促进双方合意的达成，保证交易的顺利进行，虽然缔约当事人在民事行为能力上具有一定的瑕疵，但是，追认可以补正这一瑕疵，使合同得以继续履行。虽然行政法和行政诉讼法的理念是限制权力、保障权利，行政主体作出行政行为要依据法定职权，以防止权力滥用，侵犯私权利，但在一定范围内这一行政职权的行使也可以经有权机关事后追认而补正这一瑕疵；况且对行政机关超越职权的行政行为，在我国现行《行政诉讼法》中并未彻底贯彻越权无效原则，而是将超越职权这一违法行政情形作为可撤销判决的一种。[1] 对于行政主体在缔约之际尚未获得缔约权力的行政协议，其效力并不宜当然无效。行政协议其毕竟具有协议性的特征，行政协议的订立并不完全是权力对权利的剥夺与限制，无论是行政机关还是行政协议另一方相对人均有可能从行政协议中获得各自相关利益；特别是对于缔结该行政协议的行政机关而言，通过该行政协议的履行将有助于实现行政效率及行政目标。这类行政协议的效力遂很有可能事后获得该行政机关的上级机关的追认。故笔者认为，对载有协议双方合意的行政协议不宜完全适用越权无效原则，否则可能会影响相对人的利益。因此，对原告未主动申请确认行政协议无效的，除行政主体完全不具有行政主体的资格外，法院不宜对行

---

〔1〕 参见《中华人民共和国行政诉讼法》第70条。

政主体超越缔约权限的情形一概认定为无效。在行政主体没有缔约权限但其上级机关有权限的情形下,协议的订立经过上级机关的授权或许可后,应当可以认定为有效。

为解决这一窘境,有学者提出引进行政权力能力和行政行为能力的概念,[1]即行政权力能力定义为在法律规定的权限与范围内,为行政行为的资格。这样一来,就可以参照民法上关于民事权利能力和民事行为能力的规定,对行政主体在订立协议时未获得权限的行为定义为无权代理,对行政协议的性质就可以参照无代理权、越权代理、表见代理等规定进行认定。但这是行政法基础理论需要讨论的问题,在此不再累述。

(三)确认行政协议未生效力判决

在笔者收集和查阅的案例中,关于行政协议的效力判断主要就是有效与无效两种,没有可撤销,也没有效力待定。[2] 但是,在温州市鹿城坚毅打火机厂诉温州市瓯海区人民政府梧田街道办事处合同案[3]中出现了"协议未生效力"的判决,法院认为,被告为提高行政效率,在房屋征收补偿决定没有出台的情况下与原告签订协议,虽未违反法律、法规的强制性规定,但在征收决定作出前,该协议不应发生法律效力,更不能作为房屋征收与补偿的依据。[4]

笔者认为,确认行政协议未生效的判决也是确认判决的一种延伸,在行政协议确未生效但若判决其无效会影响协议相对人利益的实现以及行政目标的达成等的特殊情况下可以适用。

(四)撤销判决

我国的行政协议案件可以适用撤销判决。以黄燕华诉广西田阳恒茂开发投

---

〔1〕 参见宋海东:《新行政诉讼法语境下行政协议若干问题探析——以类型化诉讼为视角》,载《司法论坛——理论争鸣》2015年第6期。

〔2〕 参见陈无风:《行政协议诉讼:现状与展望》,载《清华法学》2015年第4期。

〔3〕 例如,温州市鹿城坚毅打火机厂诉浙江省温州市瓯海区人民政府梧田街道办事处合同案,浙江省温州市瓯海区人民法院行政判决书(2014)温瓯行初字第41号。

〔4〕 参见陈无风:《行政协议诉讼:现状与展望》,载《清华法学》2015年第4期。

资集团有限公司、田阳县房屋拆迁管理办公室房屋征收拆迁补偿协议纠纷案[1]为例,法院以原、被告双方签订的征迁补偿协议违反法定程序、明显不当,且补偿价格明显偏低为由,判决撤销原被告双方签订的行政协议。笔者认为,这是撤销判决的适用,原因是程序违法且显失公平,正因为有显失公平的事由所以不便判决解除协议,而应当效仿对民事合同的判决,对其作出撤销协议的判决。

撤销协议判决与协议无效判决、解除协议判决均有不同之处,相互不可替代。基于行政协议的特征,撤销协议判决有适用的可能,应当成为法定的行政协议判决类型。法国、德国和我国台湾地区都没有关于行政协议可撤销的相关规定,其认为行政协议无效制度足以保证协议利益的救济。[2] 在笔者看来,虽然无效判决与撤销判决的后果相似,[3]但无效判决并不能完全替代撤销判决的适用,在行政协议具有重大误解、显失公平、欺诈、胁迫和乘人之危等可撤销事由的情形下,[4]法院可以效仿民事法律规定,对行政协议作出撤销的判决。撤销判决与解除协议判决也是不同的,其适用的情形有明显不同,解除协议的判决是由于不可抗力、明示违约、迟延履行等事由,法院对相对人提出的解除协议效力的诉讼请求的处理,判决解除协议之后,应当恢复原状或采取补救措施、赔偿损失。撤销协议判决是由于协议在订立之初就具有影响协议效力的隐患,如果协议继续履行将会导致协议当事方利益受损,因此,法院对协议效力予以撤销。

须指出的是,从利益衡量的角度出发,对行政协议作出可撤销的判决,可能

---

〔1〕(2016)桂10行初42号。

〔2〕参见梁凤云:《行政协议案件适用合同法的问题》,载《中国法律评论》2017年第1期。

〔3〕《中华人民共和国合同法》第58条:"合同无效或者被撤销后,因该合同取得的财产,应当予以返还;不能返还或者没有必要返还的,应当折价补偿。有过错的一方应当赔偿对方因此所受到的损失,双方都有过错的,应当各自承担相应的责任。"第59条:"当事人恶意串通,损害国家、集体或者第三人利益的,因此取得的财产收归国家所有或者返还集体、第三人。"

〔4〕《中华人民共和国合同法》第54条:"下列合同,当事人一方有权请求人民法院或者仲裁机构变更或者撤销:(一)因重大误解订立的;(二)在订立合同时显失公平的。一方以欺诈、胁迫的手段或者乘人之危,使对方在违背真实意思的情况下订立的合同,受损害方有权请求人民法院或者仲裁机构变更或者撤销。当事人请求变更的,人民法院或者仲裁机构不得撤销。"

对公共利益造成重大损害的，则不宜作出撤销该行政协议的判决。

二、组合判决的适用

行政协议案件不同于其他行政行为案件，因其具有协议性的特征，对其纠纷的解决除了原告诉讼请求缺少事实与法律依据，被判决驳回诉讼请求等特殊情况，至少包括协议效力的认定和认定后的处理等方面的内容。笔者在司法实践中发现，法院通常会在判决时根据行政协议的具体情况适用组合形式的判决。

（一）继续履行、补救措施和赔偿损失判决与其他判决的并用

《行政诉讼法》第 78 条规定了继续履行、补救措施和赔偿损失各种判决方式之间的关系问题，以此来说明哪些判决类型可以同时适用。因为协议的效力认定是处理协议纠纷的关键，确认判决应当是所有判决类型中第一顺位的判决方式，首先要确认协议是否合法有效，其次才能对其进行下一步的处理。驳回诉讼请求的判决同确认判决一样，和每一种判决方式都息息相关，它们可以和任意一种或几种判决方式并用。因此，关于组合判决的适用将主要从继续履行、补救措施和赔偿损失判决与其他判决的并用，解除协议判决与其他判决的并用，补偿判决与其他判决的并用来展开说明。

继续履行、补救措施和赔偿损失三种判决方式，结合《合同法》第 107 条，[1] 可以说这三种方式是行政协议的"违约责任"。[2] 法条中采用"或者"来连接三种判决方式，也就是说，法院在判决时可以根据具体情况进行选择，从这点上看，三者并没有适用的先后顺序。但是，基于司法解释的细化，为保证行政协议的顺利进行，保障行政管理目标的完成，在协议有效的情况下，判决被告按协议约定继续履行应当是首先要考虑的判决方式。如果协议有效，但是，已经无法履行或

〔1〕《中华人民共和国合同法》第 107 条："当事人一方不履行合同义务或者履行合同义务不符合约定的，应当承担继续履行、采取补救措施或者赔偿损失等违约责任。"

〔2〕参见梁凤云：《行政协议案件适用合同法的问题》，载《中国法律评论》2017 年第 1 期。

履行没有实际意义,与继续履行相比,补救措施是第二顺位的判决方式。

确认协议有效是继续履行判决的前提条件。如果协议无效,就没有继续履行的基础,继续履行判决必须在协议有效且有履行必要时才能适用。但是,补救措施和协议效力关系不大。换言之,确认协议无效的判决可以和补救判决并用。以宋建荣诉浙江省湖州太湖旅游度假区管理委员会及第三人邵佰民、高新荣、高新江行政协议案[1]为例,其判决书写道:确认协议无效,并判决"被告应在查清涉案地块上房屋、装修、附属物及其他补偿项目实际权利人的基础上,重新与实际权利人就补偿事宜进行协商"。根据《合同法》中关于补救措施的规定,"重新协商"类似于更换、重做的做法,是对行政协议不当后果的弥补与去除。

协议的效力与赔偿判决关系不大。不管协议效力如何,只要行政主体的行为给相对人造成损失,就有适用赔偿判决之可能。行政协议有效,但行政机关不履行或违法变更、解除等行为导致相对人损失,且适用继续履行、补救措施无法弥补的,赔偿判决可以适用;如果行政协议无效,仍然可以判决行政主体对相对人赔偿损失。

确认有效、履行判决和补救措施的判决方式可以并用。以黄中桂诉常德市市政公用事业管理局违法解除行政协议案[2]为例,当被诉行政机关违法单方变更、解除协议时,为否定行政机关这一单方行政行为的效力,恢复行政协议的法律效力,法院在作出确认协议有效判决或继续履行判决时,可以作出补救措施的判决,该补救措施的主要内容可以是要求行政机关撤销违法变更、解除协议的行为。[3] 只有在否定行政主体违法变更、解除协议行为的效力后,继续履行才有意义。

补救措施和赔偿损失的判决方式可以并用。在确认协议有效的情况下,以丁满生诉安徽省怀宁县国土资源局未按照约定履行国有建设用地使用权出让行

---

〔1〕 参见(2016)浙05行初20号。

〔2〕 参见(2016)湘0702行初19号。

〔3〕 参见陈思融:《论行政协议诉讼各类判决方式之关系》,载《政治与法律》2017年第8期。

政协议案[1]为例，法院判决一是被告返还原告土地竞买保证金，二是赔偿占用该保证金的利息损失。法院采用了返还资金的补救措施和赔偿利息损失的判决模式。

赔偿判决可以与确认违法判决并用。以新安县产业集聚区管理委员会（以下简称新安管委会）与新安华峰中油销售有限公司（以下简称华峰公司）、新安县国土资源局、卢书民确认拆迁违法及行政赔偿纠纷案[2]为例，判决确认被告基于无效协议作出的拆迁等行为没有法律和事实上的依据，确认其行为违法，并且赔偿因被告违法行为对相对人造成的损失。

（二）解除协议判决与其他判决的并用

笔者注意到，协议的效力似乎不完全影响协议的解除。以梁远丽诉广东省佛山市顺德区国土城建和水利局合同纠纷一案[3]为例，协议本身并没有任何无效情形，应认定为合法有效，但是，协议中原被告对于重建事项的具体细节没有进行约定，也没有确认设计图纸，协议签订之后双方就设计图纸施工细节也一直未能达成一致意见，以致房屋无法开工重建，协议事实上不能继续履行，符合协议解除的条件，解除协议判决的适用没有问题。

从这个角度看，协议的解除主要与协议的履行状况相关。当协议效力出现需要解除的情形，判决继续履行是不当的，但解除协议判决可以和补救措施、赔偿损失判决同时适用。以虎保锋诉河南省沈丘县人民政府、沈丘县国土资源局国有建设用地使用权出让合同纠纷案[4]为例，因被告未按合同约定履行交付土地义务，故法院判决：一是解除原被告双方签订的国有建设用地使用权出让合同；二是被告于判决生效后10日内双倍返还原告定金，退还原告已支付的土地出让价款，赔偿原告履约保证金、地上建筑物补偿款、契税等；三是驳回原告的其

〔1〕 参见（2016）皖0827行初字第26号。
〔2〕 参见（2015）豫法行终字第00473号。
〔3〕 参见（2015）佛顺法民一初字第405号。
〔4〕 参见（2015）周行初字第109号。

他诉讼请求。从这个案件的判决中可以看出,法院采用了"解除协议+补救措施+赔偿损失+驳回其他诉讼请求"的组合模式,并不是单独使用了解除判决、赔偿判决或是驳回诉讼请求判决中的任意一种方式。

(三)补偿判决与其他判决的并用

《行政诉讼法》及其司法解释中并没有明确指出补偿判决与协议效力的关系,其适用的前提是行政机关有变更、解除协议的正当理由,并且给相对人造成损失。但如果协议无效,其自始没有法律约束力,就不会涉及协议的变更、解除问题,更谈不上这种变更、解除有合法、正当的理由,这是不符合逻辑与司法实践的。故笔者认为,补偿判决适用的前提之一,应当是协议合法有效。

由于补偿判决适用的条件是行政主体已经基于正当理由单方变更或解除了协议,换言之协议的效力已经消失,那么判决继续履行、采取补救措施已无实际意义,也没有判决解除、撤销协议的必要。但笔者认为,补偿判决和赔偿判决可以同时适用。补偿判决和赔偿判决的基础并不矛盾。行政协议变更、解除前,行政主体有不当履行的行为造成相对人损失的,相对人可以对这部分提出赔偿要求;出于公共利益的考量而致使协议变更、解除的行为对相对人造成损失的,其可以提出补偿要求。

综上所述,行政协议案件具有其他行政行为案件所没有的复杂性,其争议不是单一的,其判决也不能以单一的判决方式或内容出现。因此,结合法条与案例,关于组合判决的适用可以有以下几个结论:第一,确认协议有效或无效判决是所有判决方式中第一顺位的判决方式。第二,确认有效判决是适用继续履行判决的前提,但协议的效力不是影响补救措施和赔偿损失的唯一条件。第三,解除判决与协议效力关系不大,可以与补救措施、赔偿损失同时适用。第四,补偿判决的适用前提之一是确认协议有效,其可以和赔偿判决同用。第五,驳回诉讼请求判决是对原告诉讼请求的否定,其包括对诉讼请求的全部否定和部分否定。对诉请全部否定的,单独适用驳回诉讼请求的判决;对诉请部分否定的,结合行政协议案件具体情况,作出其他判决与驳回诉讼请求的组合判决。

三、结语

行政协议具有行政性与协议性的特征，其纠纷的类型也多种多样，结合行政法与合同法的相关规定，参考行政行为和民事行为的判决方式和适用规则，除了已规定的内容，法律宜对行政协议案件的判决方式和适用规则做如下规范：一是在既有规定的基础上，补充几种判决方式，包括确认协议违法判决、确认协议效力待定判决、撤销判决等判决方式；二是结合现行法律规定和各个判决之间的关系，在审理行政协议案件时使用组合判决的模式。行政主体采用行政协议这一行政行为的目的主要就是促进公共利益的实现，落实公共决策，完成管理行政事务的公共目标。基于这一目的，法院要做的就是最大限度地保障协议的继续顺利履行，能履行的就履行，利益失衡的就予以"调节"或者"填平"。自修改后《行政诉讼法》实施两年多以来，有关行政协议案件的判决方式及其适用规则，在诸多已生效判决中得到了较为充分的运用，与此同时也暴露出一些不足亟待完善，故笔者期待有关行政协议案件的司法解释能尽早作出回应，以期更好地指导司法实践。

关于我国环境行政公益诉讼实践问题之初步探索

何 薇*

内容提要 随着环境形势的日益严峻,政府在环境监管中的作用越发重要。我国2014年修订的《环境保护法》明确规定了各级地方政府对本行政区域的环境质量负责,但该法对地方政府怠于履行环境监管职责的情形没有设计相应的外部监督制度,客观上造成环境公益诉讼实践发展不平衡。正在构建中的环境行政公益诉讼制度反映了国家转变发展方式和治理方式的努力。我国早在十余年前就已经有了关于环境行政公益诉讼的理论探讨和司法实践,现正开展的检察机关提起环境行政公益诉讼的试验,展现了未来环境行政公益诉讼制度在我国的发展路径。通过对我国环境行政公益诉讼的实践状况分析,展现出实践中的一些关键性问题如原告资格认定、诉讼模式以及举证责任,这些来源于实践的问题最终也需要理论的分析与指导,并通过再实践予以检验。

关键词 环境行政公益诉讼 政策法规 原告资格 诉讼模式 举证责任

随着改革开放的逐步深入和经济社会的持续发展,我国在经济领域取得了举世瞩目的成就,并成为世界第二大经济体。然而,在经济总量持续扩大的同

---

* 何薇,江苏省无锡中级人民法院行政庭法官。

时,却存在一个不容忽视的现象,即环境污染、生态破坏日益严重,如“常州毒地案”。[1] 面对生态环境持续恶化之局面,2012 年修订通过的《民事诉讼法》中已引入了环境公益诉讼制度,立法者试图通过规定这一制度来加强生态环境保护。但是,环境民事公益诉讼制度天然地有其自身的内在局限,其作用范围有限,事后救济性质较为明显,并且此类诉讼指向的是企业的行为。[2] 而环境行政机关所为的包括作为或不作为形式的行政行为不在其监督范围之内,并且从行政法的总体发展趋势来看,环境民事公益诉讼并不是环境公益司法化的重点,其仅能在有限的范围内发挥作用,无法为司法权监督行政权以及行政过程中的公众参与提供有效的制度资源。[3] 所以,我们仍有必要对环境公益诉讼制度加以研究与完善,而完善环境公益诉讼制度的主要路径之一为探寻建立与完善环境行政公益诉讼制度。[4]

环境行政公益诉讼,既是公益诉讼的一个分类,也是行政诉讼的一种类型。作为一种新兴的诉讼形态,环境行政公益诉讼的产生源于特定社会变迁,其发展需要满足变化的社会需求,同时具有一些不同于其他诉讼形态的特征。在我国,以环境行政公益诉讼为主要代表的行政公益诉讼方兴未艾,相关具体制度实践仍在建构,理论上也存在诸多分歧。针对这种新的诉讼形态要解决的问题、将面临的困难以及可能产生的影响,我国立法还需要进行充分的考察。

---

〔1〕 参见张道营:《六问常州外国语学校“毒地”事件》,载新华网,http://news.xinhuanet.com/local/2016-04/19/c_128906022.htm,2017 年 6 月 15 日访问。

〔2〕 参见陶建国:《德国环境行政诉讼制度及其对我国的启示》,载《德国研究》2013 年第 2 期。

〔3〕 参见王明远:《论我国环境公益诉讼的发展方向:基于行政权与司法投关系理论的分析》,载《中国法学》2016 年第 1 期。

〔4〕 参见廖正:《论环境行政公益诉讼立法模式选择与制度定位》,载《法制与经济》2016 年第 9 期。

一、环境行政公益诉讼概述

（一）环境行政公益诉讼的定义

在环境保护领域确立行政公益诉讼制度具有重要性和必要性。由于很多环境违法行为损害的是大气、河流或物种等自然环境和生物，这些都没有特定、直接的受害人，而且环境法律大多旨在保护公共利益，没有赋予个体主观公权利，个人很难据此提起主观诉讼。而负有环境执法和环保义务的行政机关往往会出于人员、经费等原因而不履行职责或为了经济发展而违法作出环境许可，致使环境公共利益受损。所以，必须在环境保护领域引入作为客观诉讼的环境行政公益诉讼。

具体而言，环境行政公益诉讼是指当行政机关的作为或不作为违反环境法律，对环境公益造成侵害或有侵害可能时，法院允许特定主体为保护环境公益向法院提起行政诉讼，要求行政机关履行其法定职责或纠正、停止侵害行为的制度。[1]

（二）环境行政公益诉讼的基本定位

首先，环境行政公益诉讼是一种特殊的行政诉讼，属于典型的客观诉讼。对于行政诉讼的类型，在大陆法国家有主观诉讼和客观诉讼的划分。诉讼目的是划分这两种类型的起点和基础，前者以维护主观权利为目的，后者以维护客观法秩序为目的，不同类型的诉讼在诉讼规则上也有明显差异。仅从诉讼目的和实际效果上看，维护主观权利和维护客观法秩序两者难以区分，如我国《行政诉讼法》就同时把“保护公民、法人和其他组织的合法权益”与“监督行政机关依法行使行政职权”作为立法目的。[2] 两种类型的诉讼更重要的区别体现在具体的

---

〔1〕 参见张宝：《新〈环保法〉应该与时俱进》，2015 年全国环境资源法学研讨会会议论文，第 17～20 页。

〔2〕 参见湛中乐、尹婷：《环境行政公益诉讼的发展路径》，载《国家检察官学院学报》2017 年第 2 期。

诉讼规则上,不同类型的诉讼构造往往在原告资格、诉讼标的、审理规则、判决类型等方面存在明显差异。[1] 在此需要指出的是环境行政公益诉讼作为一种典型的客观诉讼,在我国现行行政诉讼制度下展开,既面临着无法与主观诉讼标准契合的尴尬,也存在确立客观诉讼进而推动诉讼类型化发展的可能性。

其次,环境行政公益诉讼是与环境民事公益诉讼相对应的一种公益诉讼。环境公益诉讼是20世纪70年代源于美国的一种诉讼形态,其产生与现代国家公权力的扩张和人民对政府不信任情绪密切相关,它并非独立的诉讼领域,而是一种与原告资格认定相关的诉讼方式。[2] 环境行政公益诉讼和环境民事公益诉讼同属环境公益诉讼,其区别在于前者以行政机关为被告,后者以企业、其他组织或私人为被告。在我国环境行政公益诉讼试验要稍晚于环境民事公益诉讼,2015年是我国环境公益诉讼发展的关键一年。在环境污染和破坏的问题上,民事侵权往往与行政违法或不作为同时存在,相较于环境民事公益诉讼,环境行政公益诉讼存在一些独特的优势。第一,现代环境公共事务十分复杂,环境行政应运而生并成为应对环境问题的主要手段。很多时候单一处理民事侵权问题并不足以真正解决问题,因为环境违法的背后往往是行政机关的违法行政行为或行政不作为,只有撤销行政机关违法的行政行为或督促其履行职责才能从根本上解决问题。[3] 第二,环境公益诉讼往往会牵扯到复杂的技术问题,在环境民事公益诉讼中司法需要直接介入这些问题,但如果没有充分的技术支持根本无从进行法律适用。相较之下,在专业性问题上行政监管机关往往具有优势,因而有必要充分发挥行政专长。第三,环境行政公益诉讼从表面上看可能使行政机关陷入被诉风险,从实质上看却避免了行政机关作用弱化,既充分尊重行政

---

〔1〕 参见薛刚凌、杨欣:《论我国行政诉讼构造:"主观诉讼"抑或"客观诉讼"?》,载《行政法学研究》2013年第4期。

〔2〕 参见汪劲:《中国的环境公益诉讼:何时才能浮出水面?》,载《世界环境》2006年第6期。

〔3〕 参见晋松:《困惑与突破:环境司法保护的诉讼模式——基于行政公益诉讼制度构建的反思》,载《法律适用》2014年第2期。

权的专业性又能够发挥司法权的监督作用。[1]

最后，有必要强调的是，在环境领域展开环境行政公益诉讼，要考虑环境问题的特点。为什么在环境领域产生行政公益诉讼的需求是值得思考的问题。它关系到这种诉讼产生的社会背景、面对的现实和要发挥的功能。行政公益诉讼当然不止在环境领域，考察我国近10年对公益诉讼的理论探讨和现有的司法实践会发现关注的重点主要在环境领域。[2] 环境行政公益诉讼产生的社会背景是环境问题日益严峻、环保运动逐步兴起以及国家在环境规制问题上应当承担越来越多的责任。构建环境行政公益诉讼要始终意识到环境问题的特殊性。

二、我国环境行政公益诉讼制度的实践背景：政策法规沿革

2014 年 10 月中国共产党十八届四中全会通过了《关于全面推进依法治国若干重大问题的决定》，提出“检察机关在履行职责中发现行政机关违法行使职权或者不行使职权的行为，应该督促其纠正。探索建立检察机关提起公益诉讼制度”。其明确提出了“公益诉讼”制度探索和构建的问题，习近平总书记在《关于全面推进依法治国若干重大问题的决定》的说明中，就十个问题进行了深入阐述，公益诉讼列在第九个问题，说明十分详尽全面。由此，公益诉讼引起了社会各界的广泛关注。[3]

2015 年 7 月 1 日，全国人大常委会通过《关于授权最高人民检察院在部分地区开展公益诉讼试点工作的决定》（以下简称《授权决定》），授权最高人民检察院在广东等 13 个省（区、市）就生态环境和资源保护、国有资产保护、国有土地使用权出让、食品药品安全等领域开展提起公益诉讼试点。2015 年 7 月 2 日

〔1〕 参见王明远：《论我国环境公益诉讼的发展方向：基于行政权与司法权关系理论的分析》，载《中国法学》2016 年第 1 期。

〔2〕 参见侯佳儒：《环境公益诉讼的美国蓝本与中国借鉴》，载《交大法学》2015 年第 4 期。

〔3〕 参见胡卫列、田凯：《检察机关提起行政公益诉讼试点情况研究》，载《行政法学研究》2017 年第 2 期。

最高人民检察院《检察机关提起公益诉讼改革试点方案》正式公布，最大的亮点是增加了行政公益诉讼，弥补了目前立法上仅规定民事公益诉讼的缺失，从而使两种公益诉讼互为补充、相辅相成，为检察机关提起公益诉讼试点工作作了总的指引和顶层设计。[1]

2015年12月16日，最高人民检察院通过《人民检察院提起公益诉讼试点工作实施办法》(以下简称《高检院实施办法》)，2016年1月6日发布，自发布之日起施行。《高检院实施办法》共58条，对检察机关办理民事公益诉讼案件和行政公益诉讼案件的相关程序作出规定。

2015年12月16日，山东省庆云县人民检察院因县环保部门不依法履行职责，依法向庆云县人民法院提起行政公益诉讼。这是全国人大常委会授权检察机关提起公益诉讼试点工作后全国首例行政公益诉讼案件。[2]

2016年1月13日，贵州省福泉市人民法院开庭审理贵州省锦屏县人民检察院诉该县环境保护局怠于履行职责行政公益诉讼一案，并当庭作出一审判决，支持了检察机关的诉讼请求，确认锦屏县环境保护局对鸿发石材公司、雄军石材公司等企业污染环境怠于履行监管职责的行为违法。该案于2015年12月18日提起诉讼。这是检察机关提起行政公益诉讼试点后全国首例正式判决的案件。[3]

2016年2月25日，最高人民法院通过《人民法院审理人民检察院提起公益诉讼案件试点工作实施办法》(以下简称《高法院实施办法》)，自2016年3月1日起施行。《高法院实施办法》共25条，对人民法院试点期间审理人民检察院

---

〔1〕 参见孙洪坤:《检察机关提起环境行政公益诉讼的破局与启示》，载《环境保护》2016年第3期。

〔2〕 参见彭波:《山东检方提起全国首例行政公益诉讼案件》，载《人民日报》2015年12月23日，第16版。

〔3〕 参见王治国:《贵州省锦屏县检察院诉县环保局怠于履职行政公益诉讼案一审胜诉》，载《检察日报》2016年1月16日，第1版。

提起公益诉讼案件相关问题作出了规定。

2016年11月5日,第十二届全国人大常委会第二十四次会议听取了最高人民检察院曹建明检察长关于检察机关提起公益诉讼试点工作情况的中期报告。

2017年6月22日,第十二届全国人大常委会第二十八次会议听取了最高人民检察院关于《中华人民共和国行政诉讼法修正案(草案)》的说明。最高人民检察院检察长曹建明表示:该草案是在对公益诉讼试点工作进行全面总结的基础上起草的。草案确立了检察机关提起公益诉讼制度的必要性:一是有利于更好地保护国家利益和社会公共利益;二是促进了公益保护体系的不断完善,有利于发挥法律监督职能作用,弥补行政公益诉讼的主体缺位。

三、当前我国环境公益诉讼制度实践中的几点困惑

环境行政公益诉讼制度作为一项正在构建中的制度,面临着如何与现行行政诉讼制度协调,如何有效实现制度功能等问题,其制度设计的现实可行性还要经过反复的试验和调整,以下几点困惑是笔者粗浅的思考,仅作抛砖引玉。

(一)环境公益诉讼的诉讼模式问题

对当前地方人民法院立案受理的环境保护案件进行研究,我们可以看到有以下几种诉讼模式:第一种模式,纯粹的环境民事公益诉讼,这是现有制度允许的情况。第二种模式,民事公益诉讼附带行政诉讼。这种模式的基本做法是在有关社团组织或法律规定的国家机关针对环境侵权的有关主体提起环境民事公益诉讼中,对有违法行为或未适当履行行政管理义务的行政机关,不将其列为被告,但在判决中确定其相应的义务。第三种模式,分离模式。[1] 因民事公益诉讼制度已正式构建,尽管行政诉讼有别于民事诉讼,但作为一项全新的制度,在已经存在相似制度的前提下,可以参照并修改设立。第四种模式,混合模式。此种模式不刻意作民事和行政公益诉讼的专门区分,而是将公益诉讼作为一种独

〔1〕 参见晋松:《困惑与突破:环境司法保护的诉讼模式》,载《法律适用》2014年第2期。

立的特别诉讼对待。特别是针对环境司法而言,要打破传统的诉讼法理论,构建复合式诉讼,即只要属于环境公益受到侵害,无论是针对一般主体的民事侵权还是行政机关的违法行政或不作为,均可作为一种独立的诉讼形式存在,在两种行为相互具有关联性时,还可以一并起诉合并处理解决。[1]

对于以上四种模式,笔者倾向的观点是建立泾渭分明的分离模式,理由如下:

第一,环境民事公益诉讼与环境行政公益诉讼有其各自不同的诉讼目的而使两者均有不可互相替代的存在意义。虽然如前所述,公益诉讼是为维护国家和公共利益提起的诉讼。环境保护,人人有责。但与社会个体不同的是,环保执法行政机关所承担的责任并不仅限于作为社会的一分子所应承担的环保责任,更多的是其被法律赋予的维护、监督以及纠正的法律责任。责任属性的差别决定了环境行政公益诉讼的终极使命应以监督环保执法部门的行政行为为核心,这是环境民事公益诉讼所不能取代的。

第二,泾渭分明的分离模式有利于厘清传统诉讼类型的界限。刑事诉讼、民事诉讼和行政诉讼三大传统诉讼类型仍是我国诉讼体制的主要框架。从制度设计的社会学角度来说,有效益的公益诉讼制度设计应以凸显公益保障的特性又不干扰已经相对成熟的基础诉讼法律关系为价值追求。

第三,环境审判庭的设立保障了分离模式下的环境民事公益诉讼与行政公益诉讼的衔接与协调。从我国现行审理环境保护诉讼的审判组织制度来看,人民法院下设的环境保护审判庭具备着"三审合一"的功能。审判组织审理环境民事公益诉讼和行政公益诉讼,会尽量将两者的诉讼效果予以衔接,也有助于协调判决实际问题。审判组织的同一性有效地预防了分离模式下可能出现的脱节与冲突。

---

〔1〕 参见晋松:《困惑与突破:环境司法保护的诉讼模式》,载《法律适用》2014年第2期。

（二）检察机关在环境行政公益诉讼中的原告资格问题

关于检察机关在公益诉讼中的原告资格问题，在我国素有争议，理论界存在多种观点。笔者比较倾向的是：检察机关在行政公益诉讼中的角色是诉讼当事人，即享有直接起诉、撤诉或变更诉讼请求或对判决不服提出上诉的权利。其与民事诉讼中的原告一样，能够以自己的名义参加行政公益诉讼，享有权利，承担举证义务，并受法院最终裁判的拘束。[1] 这是因为：首先，检察机关是诉讼程序的发起者。行政公益诉讼和民事诉讼一样，遵循不告不理的原则，可以说，没有检察机关的控告，就没有相应行政公益诉讼的发生。其次，在行政公益诉讼结构中，检察机关与对方当事人产生直接的对抗关系，为保证诉讼中主体之间平等对抗的基本诉讼结构的稳定，检察机关只能处于原告当事人的法律地位。最后，检察机关是法定的公益代表人，由于维护公共利益的需要获得法律的授权从而具有"诉的利益"，所以，成为适格的当事人。[2] 值得说明的是，此时检察机关角色更准确的表述是程序当事人，被行政行为侵犯的私人和公共利益的归属者是实体当事人。实体当事人的实体权利不因程序当事人诉权的行使而消灭。实体当事人在行政纠纷中的权利义务分配直接适用法院的判决。同时，与社会组织提起环境行政公益诉讼相比，检察机关提起行政公益诉讼具有一些特有的优势。例如，检察机关具有独立的法律地位，享有公诉权，具备特有的取证优势等。[3] 虽然反对者认为，西方检察机关是以政府代表的身份维护公共利益，我国检察机关与行政机关并无隶属关系，并且其提起的行政公益诉讼被诉方往往为行政机关，因此，不能代表政府提起公益诉讼。但是，从社会、国家和政府的不同维度上考虑，检察机关具有代表国家提起公益诉讼以维护公共利益的权力。

---

〔1〕 参见张宝：《新〈环保法〉应该与时俱进》，2015年全国环境资源法学研讨会会议论文，第17～20页。

〔2〕 参见刘波：《论检察机关提起民事诉讼的法律地位》，载《海南大学学报》（人文社会科学版）2006年第3期。

〔3〕 参见姜明安：《行政诉讼中的检查监督与行政公益诉讼》，载《法学杂志》2006年第2期。

（三）环境行政公益诉讼中举证责任分配问题

举证责任如何分配是制度构建过程中的又一重要问题，检察机关在诉讼中承担的举证责任是否与一般行政诉讼中的原告相同？对于这个问题既要考虑检察机关作为公益诉讼人的特殊性，也要考虑行政诉讼举证责任制度的一般原理。事实上，举证责任的配置是一个政策性问题，需要权衡种种具体因素，包括：便利条件；两造当事人获得证据的相对容易程度；谁破坏了法律关系现状；在就事实争议点缺乏诉请、提证和说服的情况下，什么可能是事实真相；当事人所依赖的非同一般的权利请求；主张是否定性表述还是肯定性表述；有关事项是否引起制定法规则或一般规则的例外；等等。[1] 行政诉讼中，被告对行政行为的合法性负有举证责任作为一般原则，这既是依法行政原则在行政诉讼程序中的反映，也考虑到了被告具有较强的举证能力，由其承担举证责任更有利于保障行政相对人的合法权益，也更加公平。[2] 在检察机关提起行政公益诉讼的情况下，检察机关享有调查核实权，且在其行使调查核实权时包括行政机关在内的其他主体有配合的义务，从举证能力上看检察机关与一般行政诉讼中的原告不可同日而语，这是否应该影响举证责任的分配？对此问题，笔者认为，环境行政公益诉讼的举证责任分配原则仍应坚持被告承担举证责任的一般原则。理由如下：(1)《行政诉讼法》将举证责任归于作为被告的行政机关，主要基于两个原因：一是作为原告的行政相对人在证据的保存和收集方面的能力远弱于作为被告的行政机关，将举证责任归于被告较为公平；二是作为被告的行政机关在作出行政行为时，必须持有充分的事实依据以及证明该事实的证据，如果该行政机关在诉讼过程中不能举出上述事实及证据，说明它所作的行政行为为非法。在环境行政公益诉讼案件中，虽然第一项情形已有改变，但第二项原因依然存在，因而仍应

---

〔1〕 参见沈岿：《行政诉讼举证责任个性化研究之初步》，载《中外法学》2000年第4期。转引自湛中乐、尹婷：《环境行政公益诉讼的实现路径》，载《国家检察官学院学报》2017年第2期。

〔2〕 参见罗豪才、湛中乐主编：《行政法学》，北京大学出版社2016年版，第530页。

由被告负担举证责任。(2)环境公益诉讼的被告承担举证责任为一般原则,并不排除检察机关作为追诉人所应承担的对国家和社会公共利益受到侵害具有的初步证明责任,以及与普通行政诉讼中行政相对人所承担的相类同的举证责任。

四、结语

本文通过明确环境行政公益诉讼的理论定位,回顾我国环境行政公益诉讼的实践发展过程,展现了目前在环境保护领域正在开展的检察机关提起行政公益诉讼试点的理论与实践背景。检察机关提起环境行政公益诉讼的实践并不能等同于环境行政公益诉讼制度,其开展是强制性制度变迁在我国法治领域的又一体现,反映了改革发展的需求,也是国家治理体系现代化的一部分。这些来源于实践的问题最终也需要理论的分析与指导,并通过再实践予以检验。

检察院提起环境行政公益诉讼制度可行性分析与制度构建设想*

褚梦婷　宋婧妍**

内容提要　环境公益诉讼是我国最近几年环保法和诉讼法领域出现的新制度。环境民事公益诉讼在我国已有一定的立法和实践基础，环境行政公益诉讼也已经处于试点阶段。早在十几年前便有学者对于环境行政公益诉讼制度在我国的构建进行了探索，至今不乏有广泛而深入的探讨。本文将从检察院提起环境行政公益诉讼的试点实践出发，在结合我国实际与借鉴国外制度和实践的基础上，分析检察院提起环境行政公益诉讼的可行性，并为环境行政公益诉讼制度在我国的构建提出几点设想。

关键词　法律基础　诉讼地位　公众参与　行政诉讼　和解

一、实践先行：检察院提起诉讼已有实践基础

《全国人民代表大会常务委员会关于授权最高人民检察院在部分地区开展公益诉讼试点工作的决定》《检察机关提起公益诉讼改革试点方案》两个文件的颁布在一定程度上为检察院提起环境行政公益诉讼提供了依据。以贵州省金沙

---

* 基金项目：江南大学大学生创新训练计划项目（项目编号 2016436Y）。本文发表于《法制与社会》2017 年第 6 期（下）。

** 褚梦婷、宋婧妍，江南大学法学院。

县检察院向环保机关提起环境行政公益诉讼为起点，检察院提起环境行政公益诉讼的案件不断涌现，并且主要呈现出以下特点：

（一）发现线索多，实际提起诉讼数量少

1. 案源破冰，发现案源数多

在试点之初，检察院提起环境行政公益诉讼一直面临着案件线索发现难题。实践中，为促进案源的发现，检察院开通了许多途径以促进环境案件案源的发现，加强与各类社团团体、环保组织的案源沟通，先后公布两批中央环保督查组值班电话及邮政信箱以促进环境行政公益诉讼案件案源的发现。2017 年 3 月，最高人民检察院最新公布的环境行政公益诉讼的工作报告表示："公益诉讼试点工作开展以来至 2016 年 12 月，各试点地区检察机关共在履行职责中发现公益诉讼案件线索 5765 件。"而 2016 年 9 月最高人民检察院发布的行政公益诉讼报告中表明："在试点地区检察机关发现的 2982 件案件线索中，有 74.5% 的案件属于生态环境与自然资源保护领域。"这些数据都充分表明检察院提起环境行政公益诉讼在案源发现上具有可行性，而且也取得了一定效果。

2. 案件分流，提升案件质量

此外，最高人民检察院工作报告还指出，各地检察院在办理案件过程中发现的 5765 起案件中，办理公益诉讼诉前程序案件 3883 件，向法院提起诉讼 495 件，大约只有 9% 的案件进入之后的诉讼程序。综合相关条文可知，检察机关提起行政公益诉讼受到严格的实体及程序限制，在履职过程中发现案件线索后，至少要经过：报请检察长批准决定立案——案件管理部门登记——调查核实证据及有关情况——制作审查终结报告——经集体讨论形成处理意见——民事行政检察部门负责人提出审核意见——报检察长批准——必要时提请检察委员会讨论决定等一系列程序后，方可提起行政公益诉讼。在此之后还应向涉案行政机关提出检察建议，督促其纠正违法行为或依法履职。只有当其拒不采纳检察建议时，层报最高人民检察院审查批准后方可提起。最后进入到诉讼阶段的案件，通过检察院和环保机关之间的相互较量，大多以环保机关改正其违法行为告终。[1] 检察院通过设置严格的实体、程序检查程序和诉前检察监督来实现案件分流，控制试点阶段检察院提起行政公益诉讼案件的数量和质量。

（二）案件覆盖面广，实施效果明显

根据笔者调查收集整理的截至2016年12月已经提起的11起环境行政公益诉讼的案件情况，检察院提起环境行政公益诉讼案件覆盖面较广（见下表）。其中，检察院起诉的主体包括环保局、林业局、国土资源局等，涉及领域包括行政许可、三同时、排污收费、行政处罚等多个领域，大多位于福建、贵州、陕西、甘肃等地区；从案件的诉讼效果来看，效果显著。截至2016年12月，下表中第2、7、8、10案件以法院支持检察院的诉讼请求告终，第3、5案件以检察院撤回部分起诉，第1、9案件以被告行政机关改正错误，原告撤回起诉告终。

截至2016年12月检察院提起环境行政公益诉讼案件整理（不完全）表

序号	时间	被告	相应制度	地区	诉讼结果
1	2014年12月	环保局	排污收费、行政处罚	福建金沙	撤回起诉
2	2015年12月		非法处置危险废物	福建清流	支持起诉
3	2016年1月		三同时制度	福建锦屏	撤回部分起诉
4	2016年5月		排污收费制度	陕西宝鸡	尚未结案
5	2016年6月		三同时制度	山东庆云	撤回部分起诉
6	2016年12月		环境影响评价制度	甘肃兰州	尚未结案
7	2015年3月	林业局	行政处罚制度	贵州黔县	支持起诉
8	2015年5月		行政许可制度	湖北	支持起诉
9	2016年3月	国土资源局	自然资源保护制度	安徽蚌埠	撤回起诉
10	2016年11月		生态环境保护	内蒙古	支持起诉
11	2016年11月	水利局	行政许可	山东海阳	尚未结案

综上所述，虽然检察院提起环境行政公益诉讼仍处于试点阶段，提起环境行政公益诉讼缺乏诉讼法上的法律支撑，但是实践先行，检察院提起环境行政公益

[1] 参见薛志远、王敬波：《行政公益诉讼的新发展》，载《法律适用》2016年第9期，第81页。

诉讼均有现实可行性。

二、有法可依：检察院提起诉讼拥有一定法律基础

由以上可以看出，检察院提起环境行政公益诉讼在目前阶段已经有了一定实践基础，而且检察院作为原告提起环境行政公益诉讼，拥有实体法上的理论渊源。我国《宪法》第129条规定："中华人民共和国检察院是我国的法律监督机关。"《人民检察院组织法》第4条也规定："人民检察院通过行使检察权，保护社会主义的全民所有的财产和劳动群众集体的财产，保护公民的人身权利、民主权利和其他权利。"《宪法》授予检察院法律监督权，《人民检察院组织法》规定了检察机关对于公民权利的保障义务（职权）。而实权和诉权是内在统一的，实体权利得以实现的具体途径和手段之一就是通过诉讼权利。[1]因此，检察院提起环境行政公益诉讼的诉讼主体资格有宪法和组织法上的法律渊源。

此外，《全国人民代表大会常务委员会关于授权最高人民检察院开展公益诉讼试点工作的决定》《检察机关提起公益诉讼改革试点方案》为检察院提起环境行政公益诉讼提供了直接依据，其中提到两点：一是行政公益诉讼的相关制度可以借鉴行政诉讼法、民事诉讼法（环境民事公益诉讼制度）的相关规定；二是将以公益诉讼制度试点工作的情况来决定是否建立其相应的制度。这两份法律文件成为支撑检察院开展试点工作和随后制度建立的直接依据。

三、制度比较：检察院提起环境行政公益诉讼具有制度优越性

实践表明，由检察院提起环境行政公益诉讼有其不可替代的优越性。在现有形势之下，虽然公民的环境权意识有所提高，但是，环境领域的"公地悲剧"现

---

〔1〕 参见钟艳：《我国检察院提起环境公益诉讼的理论探析》，山东大学2007年硕士学位论文。

象依然未得到改善。面对环境侵权诉讼“搭便车”的现象,现有环境行政公益诉讼并非面临着“滥诉”的难题,更多面临着的是无人诉讼的尴尬现状;确定检察院的主体资格可以以职责的方式确定检察院诉讼义务,解决环境行政公益诉讼无人诉讼的尴尬现状,实现对环保机关的有力监督。

(一)对比环保组织,检察院具有诉讼机制上兜底的作用

对比环保组织在环境行政公益诉讼上的作用,笔者认为,检察院主要有其以下两大优势:

第一,环保组织毕竟为民间性的公益组织,即使赋予环保组织提起环境行政公益诉讼的权利,这也仅是一种权利而非义务。检察院是我国的国家权力机关,在赋予其提起环境行政公益诉讼权利的同时也以立法的形式确认了其在法律上的义务。

第二,面对环保组织分布和实力地区不平衡的现状,我国的检察院体系是按行政区划进行设置,其人力、物力都有一定的机制保障,而且可以实现救济的便利性。因此,确立检察院的主体资格能够充分发挥检察院人力、物力和财力的优势,实现专人司其职的诉讼效果和环境公益诉讼制度设计的经济性。

(二)对比民事公益诉讼,检察院在环境行政公益诉讼中更能发挥其优势作用

我国2015年《环境保护法》赋予了环保组织以提起环境行政公益诉讼的权利,但却没有赋予检察院以提起诉讼的职权,原因是诉讼制度不同、面临问题不同,检察院在环境行政公益诉讼中更能发挥其优势作用。

第一,民事公益诉讼和行政公益诉讼制度属性不同,限制了不同主体发挥其作用的可行性。民事公益诉讼虽有其公益属性,但是难逃其民事属性,其本质上是平等民事主体之间的诉讼。检察院作为国家监督机关在民事诉讼领域难有其立足之地。即使性质上达到了检察院介入的程度,此诉讼应当归属于刑事诉讼而非民事诉讼。而在行政公益诉讼之中,检察院是作为国家行政机关的监督机关提起诉讼,是在现有普通公众和组织权利难以和行政机关抗衡的情况之下对

"民告官"这一限制的必要突破,其本质仍属对于行政机关行为合法性审查,理论基础在于检察机关的权利监督职能。

第二,在环境民事公益和行政公益诉讼中,面临的问题不同,不同主体发挥的优势有所不同。在环境民事公益诉讼中,在诉讼证明上大多是对于污染行为、污染结果以及污染行为和污染结果因果关系的证明。在这些问题上作为拥有专门技术人员的环保组织更具优势。而环境行政公益诉讼是对于环保机关行政行为合法性与否的审查,法院在这方面却更占优势。

四、制度构建特殊问题设想

(一)原告定位:原告还是公诉人

如前文所述,检察院提起环境行政公益诉讼有一定实体法渊源,但是对于检察院提起环境行政公益诉讼地位的界定一直是学界讨论的一个话题。到底是将其界定为原告,还是公诉人?从贵州省黔西县人民检察院诉贵州省黔西县林业局、第三人黔西县协和镇爱国村砂石场不履行行政职权一案中判决书将检察院置于"原告"[1]的诉讼地位,可以看出在现有的诉讼实践中检察院是以原告的身份出现的。但是,检察院作为原告提起环境行政公益诉讼存在两大问题:形式上的适法难题与诉讼理论上的困境。

行政诉讼,即个人、法人或其他组织认为行政主体以及法律、法规授权的组织作出的行政行为侵犯其合法权益而向法院提起的诉讼。按照现行《行政诉讼法》的规定,能够有资格提起环境行政公益诉讼的原告是行政行为的相对人及利害关系人,检察院显然难以归入其中。此外,检察院其本身作为国家权力机关,拥有对行政权的监督权,其对于环保机关提起诉讼实际上是代表国家对于行政机关的监督,实质与普通公民、法人、组织提起的行政诉讼的救济本质不符。因此,虽然检察院作为原告提起环境行政公益诉讼有了一定的实践和立法基础,

[1] 参见贵州省仁怀市人民法院行政判决书(2015)仁环保行初字第1号。

但从行政诉讼法角度来说仍然存在问题。

基于上述两点原因,笔者认为,检察院在环境行政公益诉讼中的诉讼地位应当为“公诉人”而非狭义上的“原告”。此外,我国的公诉权虽然仅限于刑事诉讼,但纵观国外立法,不乏有行政公诉权的存在,例如,大陆法系国家的法国的检察机关公益代表人诉讼、英美法系国家的“私人检察总长”理论等。显然我国的公诉权能是不完整的,对其进行扩充是现代诉权理论发展的必然趋势,有利于更好地维护公共利益。

(二)双方当事人举证责任分配的责任重构

根据行政诉讼法的一般原理,在行政诉讼中,行政机关需承担行政行为合法性的举证责任,原告只需承担其利益受损事实的初步证明即可。这样的制度设计,一方面是因为行政机关作为行政行为的作出者,掌握着行政行为合法与否的证据材料,行政机关以外的人难以获得。行政行为合法性的证明责任由行政机关承担存在天然的合理性。另一方面,这样的制度设计也是在行政诉讼“民告官”背景下,公民调查取证和其他方面的实力难以和行政机关抗衡的情况下实现原被告双方力量的均衡化的考量。但是,实际上检察院人力、物力并不弱于行政机关。根据截至2016年12月的案件整理出的数据,检察院提起环境行政公益诉讼尚未有败诉,如果仍然由行政机关承担行政行为合法性和合理性的举证责任,这样的制度设计难免有失公平。

因此,笔者建议,在环境行政公益诉讼中可以按照“谁主张,谁举证”的规则进行分配。当在证据确实在被告行政机关手中且检察院难以获得的情况下,由被告承担举证责任,以此兼顾公平原则和诉讼效果,合理分配双方之间的举证责任。除此之外,出于诉讼的公平性和透明性的目的,检察院在刑事诉讼中的侦查取证权在环境行政公益诉讼中如何行使也应当予以界定。

(三)环境公益诉讼制度的公众参与

公众是环境权的主体,公众参与是环境发展中不可缺少的一个环节,在检察院提起环境行政公益诉讼的过程中也需要实现公众参与。

从案情实际出发,作为环境权受侵害者的公众,最了解环境受侵害的事实和自身利益最大化的环境权救济方式,其不能或无法提起诉讼大多是因为自身力量的不足,但是,我们应当赋予受害公众在诉讼中的利益诉求表达机制。环境权不仅是一项实体性的权利,也是一项程序性的权利。为了保证公民完整的环境权得以实现,就必须保证公民拥有环境权知情权、诉权和参与权。在检察院作为国家公权力机关提起诉讼之时,公民,特别是有直接利害关系的公民,有权利通过诉讼来表达自己的意志与意愿。而在现阶段,在检察院作为原告提起诉讼之时,环境受害人却缺乏这样一条直接有效的利益表达机制。因此,笔者建议,可以在行政公益诉讼中借鉴刑事诉讼中的被害人制度,在环境行政公益诉讼中明确受害公众的诉讼地位,赋予受害公众在诉讼活动中的表达权。

除此之外,我国新修订的《环境保护法》第一次确认了环境公众参与权,其中第53条非常完整地规定了环境公众参与权的三项其本权能,即获取环境信息、参与和监督环境保护的权利。环境权具有公共性,在公民环境意识日益觉醒的情况下,检察院可以向公众开放已有的公众联系方式,使任何关心环境的社会公众都可以通过一些热线、新媒体平台等途径向检察院提出建议,对环境行政公益诉讼的进展发表看法和观点,从而使公益诉讼结果更加符合环境受害公众的利益诉求,实现环境行政公益诉讼的公众参与和监督。

(四)行政诉讼和解制度的设计

根据我国1989年《行政诉讼法》的规定,我国不允许行政和解。2014年修订的《行政诉讼法》第60条规定是行政诉讼和解在我国诉讼法的开始。但是,在环境行政公益诉讼领域能否适用和解仍存在争议。在笔者看来,在环境行政公益诉讼中引入和解制度有其实践基础、法理基础和实践可行性。

首先,和解制度在国内外均有一定实践基础。从我国的现有实践来看,我国由检察院提起的环境行政公益诉讼当中存在一部分案件是以实际上的行政诉讼和解方式结案。纵观国外司法实践,美国和德国在环境行政公益诉讼中大量案件是以双方达成和解,一方撤回起诉结案,而且形成了较为稳固的起诉——和解模式。“据德国柏林行政法院院长介绍:他所在的法庭每年行政诉讼案件中以非裁判方式终结诉讼之比例,高达97%,其中绝大多数是原告与被告达成和解的。美国的情况与德国非常相似,2012年美国联邦法院审结了271572件民事案件,只有5478件即2%的案件是通过审理结案。”[1]

其次,在行政公益诉讼制度之中设立和解制度有一定的现实基础和可行性。一方面,一般环保机关主动求取和解是环保机关主动认错的表现,和解协议的达成有利于节约诉讼资源、提高诉讼效率。另一方面,现实中环保机关有名无权、权责不统一的现状是环境行政公益诉讼的一大难题。环保机关有名无权,对其过度苛责实在于理不合,过度激进反而适得其反。和解制度的设计可以在达成和解协议且不损抑环保机关积极性的基础上,逐步监督推动环保机关行为的改正。除此之外,有学者已经对于诉讼和解制度的启动程序、签订审查程序、履行程序、公众参与程序等方面进行了一系列有益探讨,从侧面验证了和解制度在环境行政公益诉讼中的可行性。

最后,从制度设计的效果来看,在和解协议中约定行政机关后续改正的计划,一方面可以改正现有和解无法可依、操作不规范的现状;另一方面可以实现检察院、法院、公众三方共同监督的效果,提高和解协议的实施效力,保证环保机关依法逐步改正行为。这符合行政诉讼的立法目的。

五、结语

综上所述,根据检察院进行的环境行政公益诉讼试点现状和我国立法现状,检察院提起环境行政公益诉讼确有其可行性。对比环保组织和环境民事公益诉讼,检察院在环境行政公益诉讼中确有其制度优势。然而,相应制度的不足与缺

[1] 邓可祝:《环境行政公益诉讼和解制度研究》,载《法治研究》2016年第4期。

陷，却是阻碍检察院发挥其在环境行政公益诉讼中作用的一大障碍。笔者仅对主体制度、举证责任分配、公众参与以及行政机关的和解制度进行了部分浅层探讨，如何构建更加高效合理的制度仍有待进一步的探讨和完善。

环境行政公益诉讼的构建*

廖　卿**

内容提要　党的十八届四中全会提出建设中国特色社会主义的法律体系，新修改后的《行政诉讼法》并没有明确提出环境行政公益诉讼，但行政公益诉讼作为一种新类型的诉讼制度，日益受到关注。建立相应的行政公益诉讼制度，应当拓宽原告的资格，建立相应的诉讼制度保障，实现全社会的和谐发展。

关键词　行政公益诉讼　原告资格　制度保障

近年来，生态环境与经济发展的关系失衡，我国不少地方越来越注重经济发展速度而忽视了环境保护力度，环境问题越来越突出，因此而产生的环境纠纷也越来越多。鉴于中国庞大的人口，我国的环境诉讼体制面临着很大的挑战，亟需调整与革新。司法改革与有关立法在连续推动环境公益诉讼制度的建立。环境行政公益诉讼是完善政府行为的有利保障，公众的参与、社会团体以及舆论的监督将成为建立和完善环境行政诉讼的有力支持。

一、环境行政公益诉讼

公共利益也称公益，是一个多层次、弹性较大的概念，指属于全社会的，能为

---

*　本文发表于《中国资源综合利用》2017 年第 2 期。

**　廖卿，硕士研究生，研究方向：行政法与行政诉讼法。

社会公众带来利益和福祉。与之相对应的是私人利益,私人利益着眼于社会群体中的个人利益,而公共利益与之相反,其出发点和落脚点在于全社会的共同利益。公共利益既区别于社会成员的个人利益,也不是社会成员利益相加之和。环境行政公益诉讼是公益诉讼的一种。行政公益诉讼是指政府机构或者其他行政机关的行为有损于社会公共利益时,法律允许其他无直接利害关系人直接提起诉讼,达到维护社会公共利益的目的。

二、我国构建环境行政公益诉讼的必要性

(一)公益诉讼是制约和监督公权、保障私权的内在要求

随着民主与法治的推进,在处置公民与国家权力的方面,国家权力与公民权利越来越密切相关。同时,公民应顺应社会变化,承担维护公益和私益的责任,因此,必须赋予公民向国家请求保护社会利益的权利,如果不赋予此项权利,公民便无法提起诉讼,难以体现法律的公平正义,无法实现制约和监督公权从而保障私权的要求。法谚有云:无救济则无权利。权利的存在依赖于其实施的救济手段。救济与权利是对应而存在的。通过公益诉讼,可以达到以下目的:一方面,公益诉讼的首要目的是保护公共利益。本质上,公共利益与私人利益并不是相互对立的,两者休戚相关,互相交织在一起,保护好了公共利益也有助于私益。另一方面,能有效完善我国行政权监督体系,拓宽公民参与国家事务管理和主张各种权益的途径。李步云先生曾言:“知情权是现代社会的一项基本人权,具有不可剥夺的性质。”

(二)公益诉讼是现代行政发展的必然要求

公共性是现代行政的本质要求,适应社会公共生活的需要,顺应现代行政的需要。行政以公共事务为管理内容,具有直接性和主动性等特点,达到与立法、司法的公共性相区别的目的。但是,随着经济的快速发展,社会发展日趋复杂,政府公共事务日益增多,政府管理可能会有漏洞。为此,确保行政管理目标的实现,私力来补充国家力量不足显得极其重要,这也符合当今社会中介组织日益发

达，政府将越来越多的公共事务交由社会中介组织来完成的趋势。行政公益诉讼从某种意义上来说是社会中介组织和个人承担起部分维护公共利益的责任。但是，此类诉讼的作用不是取代，而是国家执法机构的补充。行政公益诉讼能够有效发挥公民、组织等积极性，参与到与违法行为作斗争的队伍中来，以达到维护法治的权威和社会秩序的目的。

三、我国环境行政公益诉讼主体资格的构建

诉讼主体在环境行政公益诉讼中扮演着重要的角色，在诉讼制度中的地位不言而喻。我国行政诉讼的原告资格经历从“无标准时期”逐步发展到“利害关系人明确时期”。因此，原告资格的总体趋势是扩张的，在行政法中以私权保护目的。对中国环境行政公益诉讼制度的构建主体，除了试点明确的检察院，还应当包括社会团体和公民个人。

（一）检察机关

在环境行政公益诉讼案件中，检察机关既不是基于当事人诉讼，也不是以实体权利人身份起诉，而是依照作为国家的法律监督机关所依法拥有的检察权进行起诉，职能是特殊意义上的原告。无论从程序还是从实体上，这都是存在的既定事实。

环境公益诉讼由于其自身的特性，再加上本国的国情，注定了其案件涉及人群广泛，受害人多，赔偿金额大。检察机关必须利用好自身的诉讼经验以及资源来代表国家，干预公益事务并对不法行为积极提起诉讼，保障好社会公众合法的环境权益。国家作为环境公共利益的重磅维护者，也存在利益失衡或者其他因素导致不法、不作为的行为，从而对环境公共利益造成损害。在此种情况下，法律规定的相关机关的监督经常不到位。因此，在国家环境行政机关以及相关公务员行为不法、不当、不力时，赋予检察机关环境公益诉讼权，就是对环境行政行为最好的监督以及环境行政侵权最好的救济。

在任何诉讼案件中，如果检察机关的干预范围太广，则会违背民法“契约自

由”“私权自治”的精神。因此,在环境行政公益诉讼案件中,必须对检察机关的诉权加以限制,具体措施包括以下两点:第一,若检察机关提起环境公益诉讼,不能与被告自愿和解,也不能随意撤诉,必须经由法院裁定,才能提出撤诉和解。第二,在环境公益诉讼案件中,检察机关也要承担起一定的败诉责任。被告在胜诉后或其合法权益受到检察机关侵害,例如,检察机关滥用诉权恶意诉讼,则被告此时有向国家申请赔偿的权利。此时的国家赔偿责任由检察机关承担。

(二)公民个人

当环境行政机关、检察机关不依法履行职责时,即不作为时,公民中的个人和成员是各种环境问题的成因和解决方法的最好来源,因此,公民个人应该是环境公益诉讼权的最终行使者。公民与环境相互关联,环境权虽未明确规定,也被逐渐视为一项基本公民权利,公民参与环境行政公益诉讼被视为参与环境管理的一种方式。我国《宪法》第 41 条规定,我国公民对于任何国家机关和国家工作人员的违法失职行为,有提出申诉、控告、检举的权利。由此可知,此条可以为公民个人作为原告资格提供支撑。一般情况下,环境问题的形成原因和解决方法等相关知识主要来源于社会团体中的成员,在环境行政机关、监察机关不履行法定职责,或者监管不力的情况下,必须使公民个人成为环境公益案件中诉讼权的最有力行使者。因此,要从法律上保障公民对于环境公益违法行为的监督权的正常行使,补救环境公益民事侵权行为,必须赋予公民环境公益诉讼权,从而达到保护生态环境,维护社会稳定的目的。

(三)环保社团

社会团体是指具有某种共同目的、利益以及其他共同特征的人通过一定形式组合起来的公益组织。社会团体包括各种公益性团体,如妇联、贫民救济组织、CCA 等,其主要职能在于监督、参与政府活动,以及对于成员合法利益的维护。依据《民事诉讼法》第 55 条规定,获得法律授权的机关和有关组织可以对污染环境、侵害众多消费者合法权益等损害社会公共利益的行为提起诉讼。《环境保护法》第 58 条规定,对于提起环境公益诉讼的主体需要满足在设区的市级以上民政部门登记、无违法记录、专门从事环境保护公益活动满5年等3个条件。由此可见,法律已经许可环保团体提起民事公益诉讼。笔者认为,如果以民诉的起诉标准来要求环境行政公益诉讼,全国符合此标准资格的应该非常少。环保社团无论是在参与环境管理,还是在推动环境法的制定中,都已经被国际环境保护运动证明其重要性。

四、建立环境行政公益诉讼的制度保障

(一)诉讼费用

在确立环境公益诉讼原告类型后,其他配套制度的建立起着相当重要的作用。诉讼费用是指当事人以进行诉讼为目的,按照法定程序向法院缴纳的费用。诉讼费用有广义和狭义之分,狭义的诉讼费用是由案件受理费用和其他费用组成,也即当事人依照程序向人民法院支付和缴纳的费用。广义的诉讼费用,即诉讼成本,包含当事人费用和裁判费用两个部分,指进行诉讼所需要支付和花费的一切费用。裁判费用是指当事人为进行诉讼依法向法院所支付的费用,如在诉讼过程中实际支出的费用,诉讼的差旅费、律师费用等,还包括当事人向法院所缴纳的费用,如上诉费、申请执行费用等。本文仅讨论当事人应当承担的诉讼费用。

环境行政公益诉讼具有特殊性,在提起主体、诉讼目的、请求救济的内容等方面都有着特殊的体现。环境行政公益诉讼,是指出于保护环境公益的目的,以自己的名义代表国家以及社会团体在环境受到或者将要受到损害之时向法院所提起的诉讼,请求法院判令禁止正在进行或者未来可能发生的环境损害行为以及赔偿已发生的环境损害。从中可以看出,其目的是为了保护环境公益,而受益主体具有不确定性。如果说在民事诉讼中,起诉者为维护自己权益而提起诉讼并交纳一定诉讼费用具有合理性,但若起诉者为维护公共利益而提起的诉讼,而这种结果即使胜诉对自己都没有任何好处的,起诉者承担费用的合理性何在?

我国关于公益诉讼费由败诉方承担,若双方均有责任则由双方分担,一般情

况下,原告是否会提起诉讼与诉讼所需费用密切相关。环境公益诉讼大多围绕环境生态问题,其特殊性往往意味着广泛的涉及人群以及巨大的赔偿金额。从近几年的环境公益诉讼案件来看,高昂的诉讼费用已经成为环境公益诉讼正常启动和发展的一大障碍。

环境公益诉讼案件中诉讼费用的收取必须对其公益性特点进行充分考虑,一方面不能简单参照其他诉讼案件的标准,另一方面也不能死守诉讼费用预付的法律法规。在诉讼费用分担的相关法规中,也应该作出有利于原告的规定。减交、缓交、免交等都是可以解决问题的有效途径。国库应该支付由检察机关提起的必须要承担诉讼费用的环境公益诉讼。由社会组织或公民所提起的环境公益诉讼,如若败诉,其诉讼费用可通过以下两种方式进行转嫁:一是参加诉讼费用保险的;二是成立环境公益诉讼基金会,基金会资金主要来源于社会捐赠以及过往胜诉案件中一定比例的罚金。原告可在提起公益诉讼之前向基金会申请诉讼费用支持,随即由环境公益诉讼基金会进行审查,审查合格即可拨发资金支持。总之,为了更好地推动我国环境公益的发展,促进环境公益诉讼程序的正常启动,必须全面改革相关的诉讼费用支付。

(二)防止滥诉

诉讼制度建立的目的就是要通过诉讼的手段来保护权利受损人的合法利益。也就是说,诉讼所起的作用就是让一种平衡的状态恢复到以前平衡的状态。国家设立这一制度的目的就是如此,但事情往往超过人们的想象,诉讼也会存在滥诉的可能。环境公益诉讼特点之一就是原告资格的扩大化,因此,公益诉讼存在滥诉的可能性会大于其他诉讼。从古到今,我国都有着“息诉”“厌诉”的习惯,但是,随着社会的进步,思想观念的改变,改革开放的不断深入,情况大有改变,当今形成了一个“诉讼爆炸”的时代。诉讼虽然已经被人们习惯,但是,现实生活中往往被起诉的一方的社会信用会受到很大的影响,那么这就会为市场经济中的不正当竞争提供契机。因此,对环境公益诉讼制度滥诉的防止,关系到环境公益诉讼能够取得效益的大小,关系到环境公益诉讼制度目的的实现。

为此,我国可以借鉴美国的事先通知制度,结合本国国情,实行具有中国特色的行政处理程序前置制度。在提起公益诉讼前,向相关行政主管部门进行举报,即必须在先向相关行政主管部门进行举报的事实发生之后才能向法院提起诉讼。也只有在行政主管机关超过法定期限都未对所涉事项采取措施或作出决定的情况下,公民及其他主体才可以自行提起诉讼。这样做是为了使行政机关有个缓冲期间,因为行政公益诉讼目的是弥补行政管理的不足,从而更好地维护公共环境利益。另外,在对于原告资格审理的过程中,法院在公益诉讼正式被受理之前,可以适当审查原告提出的证据是否充分、身份是否合法等。

(三)环境公益诉讼所得利益分配

环境环境公益诉讼的目的在于通过诉讼的方式对正在或者将要进行污染环境的行为进行防治、制止以及补救,从而达到维护公众的环境利益。环境诉讼的本质在于公共利益,然而这些利益的收益主体大多在一群看不见的主体中,进行诉讼的个人往往很少,有时候还需要付出大量的时间和金钱。由于现阶段人民的法律意识、环保意识和公共观念淡薄,如果没有相应的激励机制,公众很难积极参与进去。从传统的做法来看,激励机制有两种措施:一种是精神方面的激励,如授予相关荣誉称号,给积极参与者以精神上的慰藉;另一种是物质奖励,如给原告一定的奖励措施,让参与者切实感受到其益处。

五、结语

总之,环境问题在中国日益凸显出来,环境保护俨然成为全社会共同关注的焦点。《环境保护法》已确立了环境公益诉讼,虽然修改后的《行政诉讼法》暂时未将环境行政公益诉讼在行政法中明确规定,但是,以后的引入也是顺理成章的。在环境行政公益诉讼原告资格问题上,笔者认为,应当顺应国际潮流的趋势,扩大原告主体资格,赋予特定主体诉权,实现全社会的公平正义,维护公共利益。同时,还应当加强诉讼制度保障,防止滥诉等问题的出现,建设中国特色社会主义法律体系。除此之外,在环境行政公益诉讼的基础之上,总结经验,借鉴其他国家制度。

参考文献

1. 陈珠:《关于我国环境保护公益诉讼的思考》,载《法制与社会》2008 年第 4 期,第 102 ~ 103 页。

2. 蔡守秋著:《环境法学教程》,科学出版社 2003 年版。

3. 常纪文、杨金贵著:《国外环境民事起诉权的发展及对我国的启示》,法律出版社 2007 年版。

4. 刘年夫、李执萍著:《正义与平衡——环境公益诉讼的深度探索》,中山大学出版社 2011 年版。

5. 魏淑芬著:《环境法概论》,上海人民出版社 2002 年版。

6. 杨严炎、章武生著:《外国环境公益诉讼和集团诉讼案例评析》,法律出版社 2014 年版。

7. 张峰:《中国环境公益诉讼的立法缺失及本土构建》,载《社科纵横》2006 年第 7 期,第 71 ~ 73 页。

8. 张武军著:《环境公益诉讼原告资格研究》,山东文艺出版社 2012 年版。

9. 张玉洁:《我国公益诉讼基本问题的研究》,载《法制与社会》2012 年第 2 期,第 133 ~ 135 页。

论行政机关合同请求权实现的合理路径

卢文兵*

内容提要 行政相对人不履行行政合同时,行政机关如何实现其请求权,新《行政诉讼法》及司法解释对此未作规定。该制度漏洞制约了公共利益最大化的实现,导致一系列实务困境和理论争议。本文立足现有制度资源,比较吸收域外法制先进经验,认为应遵循"行政决定+行政非诉执行"的发展进路,回应行政合同强制执行的制度需求。具体制度构建上,应注重从取得执行依据、保障公众参与、扩张听证程序审查等方面进行。

关键词 行政合同 请求权实现 非诉执行 路径

2015年新《行政诉讼法》施行后,行政合同(协议)[1]纳入行政诉讼受案范围,但是相关规则均是立足于保障公民、法人或者其他组织合同请求权的实现。合同权利义务双向性决定了行政机关亦享有合同请求权,针对该请求权的具体实现路径,理论和实务上存在不同的观点。本文立足于强制执行理论和现有制度资源,主张采用非诉执行路径实现行政机关合同请求权,并提出了具体操作性方案。

* 卢文兵,江苏省无锡市中级人民法院助理审判员。

[1] 在本文讨论范围内,行政合同与行政协议、行政契约三个概念具有同一内涵,且只涉及行政机关与公民、法人或其他组织订立的具有行政法上权利义务内容的公法合同。

一、问题提出：制度供给不足导致请求权实现路径受阻

（一）实务困境：行政机关权利实现面临两难选择

[事例1]福建南安市政府规划开发某机械制造产业基地项目，项目建设领导小组办公室代表该市政府与当地居民签订《拆迁补偿协议》。随着项目的推进，不少居民反悔，拒绝搬迁。政府根据《拆迁补偿协议》申请法院强制执行。该院行政庭认为，以行政协议直接申请强制执行无法可依，告知其走诉讼程序。该院立案庭认为，行政诉讼被告恒定，只能将其登记为民事案件。立案后，该院民事庭难以下判，最后只能调解解决。[1]

[事例2]2012年10月25日，武汉市住管局、民政局等多部门下发《全市住宅社区工作服务用房清理移交工作方案》（武房发〔2012〕189号），决定对开发商不移交社区配套用房进行清理。清理措施包括要求限期移交、补建补购，开发商已灭失或无法联系的，公告后直接移交。对于拒不移交的，可采取行政处罚、限制和暂缓办理房地产开发业务措施，必要时通过司法途径解决。

[事例3]2017年4月28日，江西省教育厅发布《关于发布违约免费师范生名单的公告》，称该厅于2016年1月19日督促59名部属免费师范生回省履约，截至当日仍有15名免费师范生未办理履约手续，应视其违约，决定采取记入诚信档案、冻结人事档案、按免费教育费及违约金总额的千分之一收取滞纳金等措施。[2]

[事例4]2014年1月24日，福建漳浦县大南坂镇政府向漳浦县人民法院提起诉讼，认为该镇方金木、刘赤花夫妇违反《经济补助协议书》，在领取59.8万元补助置换宅基地后，却继续三次非正常上访，已构成违约，请求法院解除协议，

---

〔1〕 参见王小金、洪江波：《行政相对人不履行行政协议的救济规则》，载《公安学刊（浙江警察学院学报）》2017年第1期。

〔2〕 江西省教育厅官网，http://www.jxedu.gov.cn/info/2289/102289.htm，2017年8月17日访问。

判令二人双倍返还补偿款、退还已置换的宅基地。法院在审理过程中,因镇政府申请撤诉,法院作出(2014)浦民初字第448号民事裁定准予撤诉,减半收取诉讼费7882元。

上述事例均涉及行政合同中行政机关请求权实现问题,其中有的是通过行政治理模式推进,有的是寻求司法途径解决。行政治理时常面临合法性争议,如公告收回社区用房、收取滞纳金(间接强制)上位法依据是否充分;司法请求则涉及民事诉讼、行政诉讼、非诉执行等救济渠道选择难题,司法实践对此也未达成共识。

(二)原因分析:行政合同制度扑朔迷离导致无所适从

1. 理论层面

可执行性争论不休。行政协议兼具行政性与契约性,是两者的综合体。一直以来,民法学界对行政合同保持怀疑、排斥,行政合同的诉讼类型左右摇摆。[1] 2015年,新《行政诉讼法》将行政协议纳入受案范围后,通过行政诉讼途径解决行政合同纠纷已逐渐成为共识。以中国裁判文书网为例,2015年5月1日至2017年5月1日两年间,共有522份行政合同(协议)判决书上网公布。然而,行政协议中行政性、契约性应当如何分配,行政优益权范围,具体监督救济制度设计,行政法学界的研究还未能深入和细化。以实现路径为例,学界有人主张走行政复议道路,[2]也有人认为应赋予行政机关原告主体资格,[3]还有人主张将行政合同转化为单方行政行为后再申请非诉执行。[4]

---

〔1〕 参见江苏省高级人民法院民一庭课题组:《政府与社会资本合作(PPP)的法律疑难问题研究》,载《法律适用》2017年第17期,第73~78页。

〔2〕 参见应松年:《行政行为法——中国行政法制建设的理论与实践》,人民出版社1993年版,第624页。

〔3〕 参见余凌云:《论行政契约的救济制度》,载《法学研究》1998年第2期,第128页;吴恩玉:《论行政合同强制执行的路径》,载《法学杂志》2010年第8期,第133~135页。

〔4〕 参见童卫东:《进步与妥协:〈行政诉讼法〉修改回顾》,载《行政法学研究》2015年第4期。

2. 制度层面

裁判规则供给不足。《行政诉讼法》修改过程中，也有意见建议行政机关作为合同当事人可以提起行政合同诉讼，但立法机关认为这与行政诉讼性质和"民告官"的基本定位不符，也与《行政诉讼法》的具体规定不相适应。[1] 最高人民法院起草司法解释时，围绕这一问题仍然争议激烈，多数意见认为可以考虑借用非诉行政执行渠道解决该问题。[2] 2015 年，最高人民法院《关于适用〈中华人民共和国行政诉讼法〉若干问题的解释(一)(征求意见稿)》第 17 条[相对人不履约的处理]规定："公民、法人或者其他组织对行政协议既不提起诉讼又不履行协议义务，行政机关申请人民法院强制执行的，人民法院应当依法受理。"但该条规定未能成为司法解释正文，最高人民法院决定暂缓规定，由实践继续探索。

3. 需求层面

制度建设动力不够。由于行政机关掌握优势资源，对行政相对人有直接、间接的强制力，中国行政诉讼法制度设计以及目标更多是倾向于控制行政权力，以符合"民告官"的基本定位。另外，民事诉讼途径分流了部分行政机关的制度需求。如(2016)闽 0583 民初 7437 号房屋拆迁安置补偿合同案，南安康美镇政府因测绘失误将 83.19 平方米建筑面积登记为 160.12 平方米，导致多支付了补偿款项 97800 元。镇政府以被拆迁人为被告提起民事诉讼，法院审理认定构成重大误解，并判决变更合同，退还多领的补偿款。无论是行政主导还是民事诉讼分流，均不能说明合同请求权实现机制已经完备，制度需求已经得到满足。以(2012)登行初字第 52 号行政合同案为例，法院裁定驳回登封市国土局的起诉，但该局仍应通过其他途径要求开发公司补缴土地出让金 409.25 万元，否则可能面临行政追责和公益诉讼的问题。

---

〔1〕 参见全国人大常委会法制工作委员会行政法室编:《行政诉讼法立法背景与观点全集》，法律出版社 2015 年版，第 91 页；全国人大常委会法制工作委员会行政法室编著、袁杰主编:《中华人民共和国行政诉讼法解读》，中国法制出版社 2014 年版，第 45 页。

〔2〕 参见李广宇著:《新行政诉讼法司法解释读本》，法律出版社 2015 年版，第 280～281 页。

对行政机关请求权的实现应当给予何种救济途径,该问题在行政权强势的社会背景下或许还不具普遍性、紧迫性,但这事关行政管理目标实现和社会诚信建设,也涉及法律制度的完备有效,因而值得分析讨论。

二、比较借鉴:域外行政机关请求权实现之经验启示

产生于行政管理方式改革背景下的行政合同,随着公私法的交融,其救济制度体现了不同法制下经济社会因素和文化传统。

(一)域外法上行政合同请求权实现方式

1. 行政制裁模式

该模式以法国行政法为代表。在法国法上,相对人违反合同时(包括不给付、给付迟延、不完全给付、未经允许的替代等),行政机关具有制裁权力。[1] 该制裁权是行政机关依职权进行,不必事先请求法院判决,不论合同有无约定,行政机关均当然享有制裁权。制裁的手段有金钱制裁、强制手段、解除合同等多种民法合同不具有的方式。[2] 具体而言,金钱制裁包括违约金和损害赔偿,强制手段主要是代执行。行政相对人对行政机关的制裁不服的,可向行政法院申诉,由法院审查制裁措施的合法性、合理性,对于违法的制裁可判决予以行政赔偿。

2. 提起诉讼模式

该模式以德国行政法、我国台湾地区行政法为代表。德国法上通说认为,产生于行政协议的行政机关请求权不得以行政行为方式确认,不得借助行政行为强制执行,应当如同公民那样通过法院主张发生争议的请求权。[3] 行政协议中约定相对人负有给付义务,给付之诉就已具备理由,除非该给付之诉因缺乏法律

---

〔1〕 参见[法]让·里韦罗、让·瓦利纳著:《法国行政法》,鲁仁译,商务印书馆2008年版,第570~571页。

〔2〕 参见王名扬著:《法国行政法》,北京大学出版社2007年版,第152~153页。

〔3〕 参见[德]哈特穆特·毛雷尔著:《行政法学总论》,高家伟译,法律出版社2000年版,第232页。

保护需要不能成立。[1]《德国行政法院法》第 40 条第 2 款规定,行政合同的履行或者遵守请求权应当通过行政法院保护。[2] 我国台湾地区也认为,行政机关既然选择行政协议作为行为方式,则该协议的履行问题应由诉讼程序解决,即当事人应向行政法院提起一般给付诉讼,取得执行名义后开始强制执行程序。[3] 通过行政处分促使相对人履行行政协议,是基于行政诉讼只有撤销之诉的前提所采取的变通办法。在行政诉讼设立确认之诉、一般给付之诉类型前提下,应当由行政机关提起给付之诉予以解决。[4]

事实上,两种模式并非截然划分的平行线。以法国法上典型的公共工程承包合同为例,行政主体可以单方行使制裁权,但是处罚性的制裁例如损害赔偿,仍然需要请求法院判决赔偿,行政机关应举证证明实际损害数额。[5] 再如代执行,行政机关可以直接委派工程人员或招聘其他企业,在行政机关管理下进行施工,费用由原承包人员承担。但是,该措施并不意味着行政机关可以绕过行政强制法直接对工程施工人员进行人身、财产强制。而在德国法上,为了提高行政效率、弥补行政契约执行力不足,除提起给付诉讼之外,当事人可以通过《德国行政程序法》第 61 条的规定快速实现合同请求权。该条规定:"在隶属关系的行政合同中,合同当事人即行政机关和公民可以约定接受合同的即时执行。"据此,行政机关可直接以行政合同的约定作为强制执行的依据。我国台湾地区"行政程序法"第 148 条第 1 项亦有类似规定。[6]

---

[1] 参见[德]弗里德赫尔穆·毛雷尔著:《行政诉讼法》,莫光华译,法律出版社 2006 年版,第 462 页。

[2] 参见吴恩玉:《论行政合同强制执行的路径》,载《法学杂志》2010 年第 8 期。

[3] 参见吴庚:《行政法之理论与实用》,中国人民大学出版社 2005 年版,第 276 ~ 277 页;江嘉琪:《我国台湾地区行政契约法制之建构与发展》,载《行政法学研究》2014 年第 1 期。

[4] 参见吴庚著:《行政法之理论与实用》,中国人民大学出版社 2005 年版,第 284 页。

[5] 参见王名扬著:《法国行政法》,北京大学出版社 2007 年版,第 338 ~ 339 页。

[6] 参见江嘉琪:《我国台湾地区行政契约法制之建构与发展》,载《行政法学研究》2014 年第 1 期。

由此可见,对域外法制并不能简单归纳为"法国模式单方强制执行、德国模式诉讼请求实现",毋宁说,两种模式均植根于强制执行理论和制度。如果行政机关有权通过督促、间接强制等合法方式对相对人履行义务施加压力,法律自不禁止。如果强制执行权缺乏法律依据,亦不可基于行政协议直接跨越式取得合同标的物以实现合同内容。只是两种模式在行政优益权与合同请求权、公益优先与私益保护方面互有偏重而已。

(二)行政合同请求权实现制度担负的三个任务

1. 公益优先与私益保护兼顾

"行政合同是为履行公法上的权利和义务,即执行公务而签订的,在这一点上,区别于以私法上的效果发生为目的的民商法等私法合同。"[1]行政合同以执行公共事务、维护公共利益为直接目的。行政合同公益性派生出识别行政合同的主体、目的、标的、行政优益权、法律依据等种种标准。[2] 无论是合同内容、行政优益权还是请求权实现,均应围绕公益优先这一基本原则。对于行政合同而言,行政机关通过合同约定履行法定职责、维护公共利益才是本质。[3] 尽管公共利益界定困难、商业利益混杂交织、国家权力对经济生活干预过宽成为中国行政管理的某种常态,但是,行政合同作为行政管理的方式之一,管理目标的正常实现应当成为公益优先的基本要求。行政合同请求权实现受阻必然影响到行政管理秩序运行和公有资金的流失,行政机关在行政效率和考核问责的压力之下,往往通过维稳资金或者其他不当联结方式从速解决问题。

2. 控制权力与回应现实平衡

修正后的《行政诉讼法》更加凸显了监督依法行政功能,体现在立法目的、

---

〔1〕 杨建顺著:《行政规制与权利保障》,中国人民大学出版社2007年版,第393页。

〔2〕 参见胡宝岭著:《行政合同争议司法审查研究》,中国政法大学出版社2015年版,第31~37页。

〔3〕 参见周雷:《行政协议强制执行的容许性与路径选择》,载《人民司法(应用)》2017年第16期。

原告资格、举证责任、判决方式、执行措施等方面。最高人民法院《关于适用〈中华人民共和国行政诉讼法〉若干问题的解释》的相关规则也是从行政合同的相对人单向救济角度出发，规定了审理规则、法律适用、判决方式等内容。这些制度符合"民告官"的基本定位和司法实践，但是并不能完全回应现实情形。在行政管理目标不能实现且司法救济渠道不畅的情况下，行政机关习惯于召开联席会议，动员强大的行政资源包围式、压迫式解决问题。如清理社区服务用房，住房、民政、规划、国土、街道等多部门集中参与，采用警告、处罚、停办、收回等各种行政措施，行政法方面的法律依据、法律程序、合理性等并不是主要考虑因素。

3. 法制统一与渠道畅通并重

2015年《行政诉讼法》修正后，公民、法人或者其他组织对行政合同提起诉讼，采用行政诉讼受理裁判已经成为共识。但是，囿于行政合同范围不统一、行政机关原告资格受限、行政合同非诉执行受理不明确等多种因素，行政合同遁入民事诉讼、民事仲裁等私法途径的现象仍然存在，如(2016)闽02民特52号民事裁定，厦门市中级人民法院驳回福州凤凰房屋征收工程处撤销仲裁申请，认可行政协议纠纷可仲裁性。[1] 经检索中国裁判文书网，两年来共有12件行政机关通过民事诉讼途径主张行政合同请求权的案件，其中2件判决相对人履行义务，10件为行政机关撤回诉讼。

(三)启示："行政优益权＋行政非诉执行"模式

诚然，司法作为解决纠纷的最后防线，因其中立性、对抗性、程序性，在权利实现制度架构方面具有天然正当性。而且在中国《行政强制法》中，普遍性的强制执行权原则上属于人民法院。[2] 域外甚至有"行政执行之诉"的探索，即通过

---

〔1〕 与嘉兴市中级人民法院(2015)浙嘉仲撤字第16号民事裁定、最高人民法院(2015)民申字第3013号民事裁定结果存在差异。

〔2〕 参见应松年：《论行政强制执行》，载《中国法学》1998年第3期。

民事诉讼程序实现国家或地方自治体的公法上的权力。[1] 但是,赋予行政机关原告资格,与《行政诉讼法》"民告官"基本定位不符,也与行政诉讼举证规则、审查范围、判决方式等具体架构不洽。而通过民事诉讼渠道,将割裂行政合同救济方式,放弃了争议解决机制的体系性,属于行政合同公法救济机制尚待完备时的权宜之计。因此,通过行政决定的转化,使抽象的行政合同请求权具体化为行政行为执行力,然后通过非诉执行方式实现行政行为内容,应当是当前行政机关合同请求权实现的可行模式。非诉执行模式下,畅通救济渠道、填合制度缝隙以及控制强势行政权应当成为关注的重点。

三、进路探寻:我国行政机关请求权实现之合理路径

探寻请求权实现路径,应当立足于中国法制土壤和社会需求,在保障相对人合法权益的基础上,构建合适可得到的具体制度,以高效简便地实现行政管理目标。

(一)强制执行依据是申请非诉执行的逻辑前提

非诉执行是法院执行未经过行政诉讼裁判的行政决定的活动。[2] 其法律依据是《行政诉讼法》及其司法解释。《行政诉讼法》第97条规定:"公民、法人或者其他组织对行政行为在法定期限内不提起诉讼又不履行的,行政机关可以申请人民法院强制执行,或者依法强制执行。"根据最高人民法院《关于执行〈中华人民共和国行政诉讼法〉若干问题的解释》第86条的规定,可申请执行的行政行为应当具备以下条件:(1)生效且具有可执行内容;(2)依法可由人民法院执行;(3)被申请人在法定期限内未履行义务。显然,行政合同得到执行的前提是自身或通过一定方式具备上述条件。

关于行政合同非诉执行的依据问题,存在不同的观点。一种观点认为,行政

---

〔1〕 参见韩炎红:《论行政执行诉讼的设立——对非诉行政执行制度的改造与理论整合》,载《法制与社会》2009年第10期,第159页;马美华:《试论行政执行诉讼——以非诉执行困境为视角》,载《法制与社会》2012年第4期,第61页。

〔2〕 参见章剑生著:《现代行政法总论》,法律出版社2014年版,第216页。

机关作出行政决定必须要有法律、行政法规或规章作为依据,仅凭行政协议内容不能成为解释行政行为合法性的依据。[1] 另一种观点认为,既然行政协议属于可诉的行政行为,当相对人不依照协议履行的,行政机关可以迳行选择向人民法院申请非诉执行,以此督促相对人按照协议约定履行义务,从而达到行政管理目标。还有观点认为,协议本身无法作为执行标的,但是,可转换为催告形式的行政行为。[2] 行政合同与民事合同的本质区别在于其行政性。“公权力的优势在有执行力的决定中显示出来,也在订立契约的全过程中表现出来;的确存在两种意志的协调一致,但这种协调一致以法律上的不平等为基础。”[3]行政合同虽然不具备行政行为那般单方性、强制性、执行力,但是,行政合同中的行政性因子决定其具备约束力以及可转换的执行力,如表 1 所示。转换的方式仍然是行政机关依职权作出行政决定,而非催告形式,催告是一种观念告知,仅是而不能创立原本并不具体存在的法律义务。[4]

表 1 行政决定与行政合同的差异

行为	行政决定	行政合同
主体	单方性	合意性
内容	法定性	广泛性
程序	法定程序、正当程序	磋商程序
效力	公定力、确定力、拘束力、执行力	拘束力、转换的执行力
实现	强制执行或非诉执行	一般为非诉执行
法规范	单行法规	单行法规、合同

---

〔1〕 参见裴蓓、易欣:《行政协议相对人不履行协议之救济困境与选择——以行政机关申请非诉执行为出路》,载《中国人民公安大学学报(社会科学版)》2017 年第 1 期,第 63 页。

〔2〕 参见梁凤云著:《新行政诉讼法讲义》,人民法院出版社 2015 年版,第 56 页。

〔3〕 [法]让·里韦罗、让·瓦利纳著:《法国行政法》,鲁仁译,商务印书馆 2008 年版,第 557 页。

〔4〕 参见周雷:《行政协议强制执行的容许性与路径选择》,载《人民司法(应用)》2017 年第 16 期,第 97~101 页。

至于具体是通过行政强制执行还是司法强制执行,则取决于行政强制执行权力分配状况,如表2所示。总体而言,我国只有十多部法律规定了行政机关强制执行权,大部分行政机关只能向人民法院申请非诉执行。[1]

表2 我国行政强制执行设定的法规范位阶[2]

行政强制执行方式分类		设定的法规范位阶	具体行政强制执行方式
直接强制	对人身强制	只能由法律设定	强制戒毒、强制预防接种
	强程度的对财产强制	只能由法律设定	拍卖、变卖、划拨、强制拆除
	其他直接强制	法律、法规(第10条授权)	强制清除、强制收购、强制回兑
间接强制	执行罚	《行政强制法》第12条普遍授权	加处罚款或滞纳金
	代履行	《行政强制法》第12条普遍授权	对动物代为免疫
	其他间接强制	只能由法律设定	公布违法事实

(二)保障程序权利是强制执行的正当理由

行政程序是行政机关实施行政行为应当遵循的方式、步骤、时限和顺序,其有助于规范行政权,体现法治形式合理性。“行政程序发达与否,是衡量一国行政法治程度的重要标志。”[3]现代行政程序最重要的原则是参与原则,即相对人参与行政行为过程,尤其是行政机关作出不利益行为时。“公众参与的核心在于其有效性,通常表现为参与者的心理上的成就感和参与者对政策的实际影响。”[4]该原则包括获得通知权、陈述权、申辩权、程序启动申请权。

---

[1] 参见信春鹰主编:《中华人民共和国行政强制法释义》,法律出版社2011年版,第49页。

[2] 该表格参考了刘磊《行政强制执行法律保留规则之反思——以侵害程度为标准的重构》(载《政治与法律》2014年第3期,第108页)。

[3] 姜明安著:《行政法与行政诉讼法》(第5版),北京大学出版社、高等教育出版社2011年版,第333页。

[4] 王锡梓著:《公众参与和行政过程——一个理念和制度分析的框架》,中国民主法制出版社2007年版,第69页。

诞生于公私合作背景下的行政合同,与参与原则具有天然的吻合性,合同磋商、订立等阶段均体现了行政相对人的意志。对行政合同的非诉执行,是否需要像侵益行政行为一样要求听取陈述申辩,还是仅催告履行即可,关键在于因违约而作出行政决定的内容。一般而言,行政机关对违约方采取行政措施,如要求支付违约金、指令交付标的物、限期完成任务等,已经超出合同权利范围,是施加具体的、明确的义务负担,因此,应当遵照法定程序规定、正当程序原则的相关要求,包括听取陈述申辩、说明理由、告知救济权利等。另外,在行政决定作出前,上述程序也可使纠纷多元化解机制及时介入,从而通过协调、调解等方式督促相对人自动履行义务。

(三)司法听证审查是强制执行合法性的最后防线

《行政强制法》第 57 条规定了书面审查原则,第 58 条规定了明显违法“可以”听取被执行人和行政机关的意见。通常而言,听证不是人民法院进行书面审查后的程序选择项,司法实践中征地拆迁类案件实行听证的比例也较低。但是,鉴于行政合同属于新制度,人民法院、政府部门了解不深,行政合同未经诉讼确认、权利义务不明确。而行政机关通过行政决定转换行政合同义务时,不可避免存在不当剪裁、计算失误等情况。因而,法院在进行非诉审查时应当严格实行听证程序,对合同的合法性、行政决定的合法性及合理性进行审查。在听证审查内容上,应当结合行政领域实体法、行政合同内容、行政决定内容以及作出程序,进行综合审查。

综上所述,行政合同非诉执行制度应当是:(1)行政相对人不履行行政合同情形下,行政机关可以综合考虑职权依据、违约情形、管理目标、实际效果,选择行使行政制裁权还是合同请求权;(2)选择行使合同请求权,应当依照行政程序听取违约相对人的陈述申辩,作出行政决定限期履行具体的义务并送达;(3)相对人在行政决定的期限内不履行义务的,行政机关催告其履行义务;(4)催告期限届满后仍未履行义务的,可以向有管辖权的人民法院申请强制执行,或者依照自身强制执行权直接实施强制执行,如下图所示。

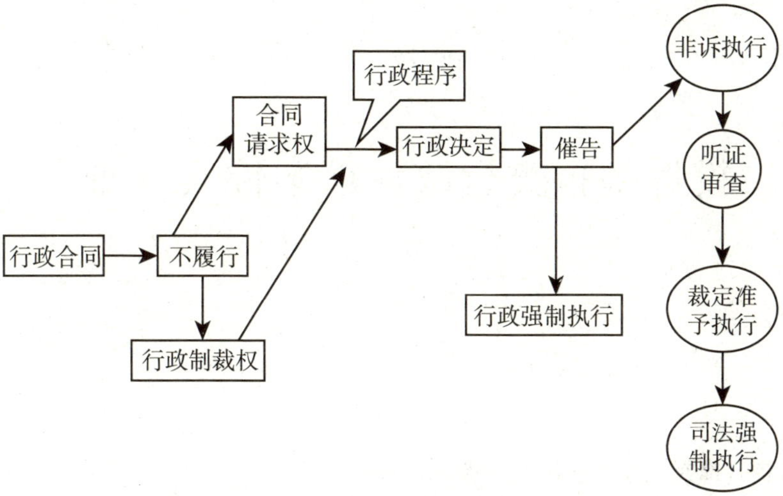

请求权实现的路径图

四、结论

当行政相对人不履行合同时，政府机关依循何种渠道获得救济，理论与实务存在分歧。笔者认为，履行救济应当兼顾行政权的"有效"与"有限"，通过非诉执行途径达到行政管理目标较为现实可行，并对具体方案进行了设计。由于行政合同一般在服务行政、给付行政等新兴领域较具价值，行政合同的法规调整密度不足。如何平衡合法与守约、公正与效率、行政权与司法权之间的关系，并建立合法有效的违约救济机制，需要进一步思考。

投诉举报类行政诉讼案件实务研究

马　云*

内容提要　文章将投诉举报从性质上区分为“自益性举报”和“公益性举报”。从行政行为的三要素出发，结合法律法规及部门规章的规定以及最高人民法院的有关判例，分析投诉举报答复行为的可诉性，即三要素齐备即具有可诉性。在可诉的基础上，进一步诉论投诉举报类行政诉讼案件的原告主体资格问题，确定原告主体资格的利害关系标准。间接利害关系，尤其是基于反射利益的利害关系，不应获得原告主体资格，保护规范理论的适用应受到限制。确立原告主体资格以后，投诉举报类行政诉讼案件的诉讼请求也应限于履责之诉，同时应该排除基于行政机关层级监督和信访的诉讼请求。

关键词　投诉　举报　可诉性　原告主体资格　诉讼请求

党的十八届四中全会通过的《中共中央关于全面推进依法治国若干重大问题的决定》明确了立案登记制的改革方向。2015 年 5 月 1 日起施行的《中华人民共和国行政诉讼法》更进一步对行政诉讼案件的立案作了具体规定，同时还对行政诉讼的受案范围作了较大的扩张。自此以后，行政诉讼的整体格局产生了巨大的变革，行政诉讼的案件数量呈爆炸式增长。就笔者所在的法院而言，仅

---

* 马云，江苏省无锡市中级人民法院行政庭审判员。

2016 年全年受理的行政诉讼一审案件就超过了所在法院自行政庭成立后至 2014 年这三十多年里所受理的行政诉讼一审案件的总和。然而实践中发现,这种爆炸式增长并不是广大人民群众在法律修改后开始全面地、有意识地通过法律途径来解决行政争议,而是以上访户、拆迁"钉子户"、职业打假者等为主体的人群开始借助立案登记制的机会,通过法院这个平台给行政机关施加压力麻烦,从而实现自己的目的。投诉举报作为一个便捷有效的"制造"行政争议的途径,已经成了上述群体提起行政诉讼的主要方式之一。同时,由于投诉举报所涉及的法律规定纷繁复杂,相关理论研究不完善,也导致法院在处理投诉举报类案件时做法不一。因此,笔者试图从投诉举报答复行为的性质出发,分析相关行政行为的可诉性,并结合相关法律规定及案例进一步分析此类诉讼的原告主体资格与诉讼请求的确定等相关问题,希望通过本文为此类行政诉讼的应对策略提供参考。

一、行政机关对投诉举报的答复行为的性质

本文所述投诉举报实际上包含了举报和投诉两个概念,这种区分实际上是借鉴了一些法律、法规的具体规定,如《劳动保障监察条例》第 9 条第 1 款规定:"任何组织或者个人对违反劳动保障法律、法规或者规章的行为,有权向劳动保障行政部门举报。"这种举报实际上就是所谓的"公益性举报"。而该条第 2 款规定:"劳动者认为用人单位侵犯其劳动保障合法权益的,有权向劳动保障行政部门投诉。"这种投诉实际上就是所谓的"自益性举报"。就笔者所在地两级法院受理案件的情况来看,实践中"公益性举报"的行政诉讼案件数极少,即使有,实际上也与原告存在某些间接利害关系,而绝大多数投诉举报类案件都是"自益性举报"。其缘由首先是因为我国《行政诉讼法》对于提起行政公益诉讼主体有限制;其次是因为当前群众对于与自己无关的事务往往是"事不关己,高高挂起"的态度;再次就是因为前文所述目前构成行政诉讼案件原告主体的主要群体就是上访户、拆迁"钉子户"、职业打假者等人群,行政诉讼在一定程度上已经

异化成了信访的另一途径，投诉举报类诉讼尤其如此。

投诉举报的答复行为，是指投诉举报受理后，行政机关经过调查、处理，采取口头、书面等形式将调查、处理结果回复举报人或投诉人的行为，确定该行为的性质是分析其可诉性及行政诉讼法律适用的前提。传统上将是否直接对外发生法律效果来区分行政事实行为和行政法律行为。德国理论认为，行政事实行为指以某种事实结果而不是法律后果为目的的所有行政措施，分为认知表示行为（答复、警告、通知、申请等）和纯业务行为（支付金钱、驾驶公务车辆、注射预防针、清除街道、修建办公楼等）。其本身并不以产生特定法律后果为意图，但仍需符合相关法律，否则行政机关将负担清除违法事实行为造成的现实、恢复原状，甚至赔偿和补偿的义务。[1] 而行政法律行为实际上就是我们日常所指的行政行为，主要是指行政主体在实施行政管理活动，行使行政职权过程中所作出的具有法律意义的行为。行政行为主要包括以下几层含义：(1)行政行为是行政主体所作出的行为，这是行政行为的主体要素；(2)行政行为是行政主体行使行政职权、履行行政职责的行为，这是行政行为的职权、职责要素；(3)行政行为是具有法律意义的行为，这是行政行为作为法律概念的法律要素。[2] 按笔者理解，这里的法律要素实质上就是指对外发生的法律效果，也就是权利义务的设定、变更和消灭。根据上述理论，行政机关对于投诉举报的答复行为，主体要素无疑是具备的；职权、职责要素也可以在相当多的法律法规和部门规章等规定中找到依据；而法律要素实际上与职权、职责要素紧密相连，只要存在相关规定，往往都会规定投诉举报人有获得答复权，因此，可认为依据这些规定所作出的答复行为对相关权利义务产生了影响，一般来说也就具备可诉性。综上所述，无论是"公益性举报"还是"自益性举报"，就行政机关对于投诉举报答复行为的性质而言并无本质不同，一般均应属于行政法律行为。但如果没有规定或者相关规定

[1] 参见[德]哈特穆特·毛雷尔著：《行政法学总论》，高家伟译，元照出版有限公司2002年版，第373～375页。

[2] 参见罗豪才、湛中乐主编：《行政法学》，北京大学出版社2006年版，第107～108页。

并没有明确行政机关具有答复的义务，即职权、职责要素或法律要素欠缺，那么该答复就应归入行政事实行为的范畴。行政事实行为虽然在某些特殊情况下也可诉，但其规则与行政法律行为迥异，故不属于本文所讨论的范围。

二、投诉举报答复行为的可诉性

既然职权、职责要素是行政法律行为的三要素之一，那么，就有必要梳理一下法律、法规及部门规章对于投诉举报答复行为的规定。

首先，《宪法》第 41 条第 1 款规定："中华人民共和国公民对于任何国家机关和国家工作人员，有提出批评和建议的权利；对于任何国家机关和国家工作人员的违法失职行为，有向有关国家机关提出申诉、控告或者检举的权利，但是不得捏造或者歪曲事实进行诬告陷害。"第 2 款规定："对于公民的申诉、控告或者检举，有关国家机关必须查清事实，负责处理。任何人不得压制和打击报复。"《宪法》所规定的这种权利实际上更多的是一种政治权利，与此类似的有《监察机关举报工作办法》第 2 条："公民、法人和其他组织认为国家行政机关及其工作人员和国家行政机关任命的其他人员有违反国家法律、法规、政策和决定、命令以及政纪的行为，依照本办法向监察机关举报。"《关于保护检举、控告人的规定》第 2 条："任何单位和个人有权向纪检监察机关检举、控告党组织、党员以及国家行政机关、国家公务员和国家行政机关任命的其他人员违纪违法的行为。"这些规定主要是从公民对国家机关和国家工作人员监督权的角度所作的规定，与日常生活中举报第三人违法行为并请求查处的情形存在较大不同，虽然也可以归入举报的范畴，但实际上"检举"的用词更为贴切。实践中，这种监督检举权的行使更多的涉及国家机关工作人员贪污、受贿、渎职等刑事责任，有的可能涉及纪律处分或奖惩任免，但我国《行政诉讼法》第 13 条第 3 项明确规定行政机关对行政机关工作人员的奖惩、任免等决定不属于法院行政诉讼的受案范围，因此，涉及这一类型的投诉举报回复意见一般应为不可诉行政行为。

其次，就是法律、法规及部门规章的规定。如《税收征收管理法》第 13 条规定:“任何单位和个人都有权检举违反税收法律、行政法规的行为。收到检举的机关和负责查处的机关应当为检举人保密。税务机关应当按照规定对检举人给予奖励。”《消费者权益保护法》第15条第2款规定:“消费者有权检举、控告侵害消费者权益的行为和国家机关及其工作人员在保护消费者权益工作中的违法失职行为,有权对保护消费者权益工作提出批评、建议。”第39条第3项规定,消费者和经营者发生消费者权益争议的,可以向有关行政部门投诉。第46条规定:“消费者向有关行政部门投诉的,该部门应当自收到投诉之日起七个工作日内,予以处理并告知消费者。”《产品质量法》第10条规定:“任何单位和个人有权对违反本法规定的行为,向产品质量监督部门或者其他有关部门检举。产品质量监督部门和有关部门应当为检举人保密,并按照省、自治区、直辖市人民政府的规定给予奖励。”其他还有《治安管理处罚法》《环境保护法》《食品安全法》等多个部门法的规定,如前文所引用的《劳动保障监察条例》等行政法规及部门规章的规定更是不胜枚举。这些规定有的明确了投诉举报受理机关有依法答复、反馈的职责,有的还有依法奖励的职责,部分答复还涉及依法查处第三人后将查处结果告知投诉举报人的职责。这些规定除涉及三要素的职权、职责要素外,一般也会涉及法律要素即权利义务的设定、变更和消灭。这里所涉投诉举报人的权利也有实体性权利和程序性权利之分,但实践直接涉及的一般都是程序性权利,如获得答复权,而实体性权利涉及较少。这种权利区分主要影响的是原告主体资格及诉讼请求问题,这将在下文作进一步分析。基于以上分析,对投诉举报的答复类行政行为一般来说均为可诉。实践中,最高人民法院也有案例对此作了论述。如(2017)最高法行申281号梁志斌诉山西省人力资源和社会保障厅劳动保障行政监察及山西省人民政府行政复议决定一案中,最高人民法院裁定认为:“公民、法人或者其他组织可以就何种事项向哪个行政机关投诉举报,取决于法律、法规或者规章的具体规定;与此相应,能否就投诉举报事项提起行政诉讼,也需要根据法律、法规或者规章对于投诉举报请求权的具体规定作出判断。通常情况下,对是否具备原告资格的判断,取决于以下方面:第一,法律、法规或者规章是否规定了投诉举报的请求权；第二，该投诉举报请求权的规范目的是否在于保障投诉举报人自身的合法权益。”以上论述也可以看做对职权、职责要素和法律要素的实务解释。

三、投诉举报类案件的原告主体资格

一般来说，三要素具备的行政行为均为可诉，但具体到个案，则还要考虑原告的主体资格问题。《行政诉讼法》第 25 条规定了原告主体资格的利害关系标准，但这个利害关系到底如何把握，仍然是实务中的一大难点，这一点在投诉举报类案件中尤为突出。利害关系标准实际上最早是由最高人民法院《关于执行〈中华人民共和国行政诉讼法〉若干问题的解释》（以下简称《执行解释》）第 12 条[1]所规定。《执行解释》第 1 条还规定，对公民、法人或者其他组织权利义务不产生实际影响的行为，不属于人民法院行政诉讼的受案范围。因此，“与具体行政行为有法律上的利害关系”相应地应当理解为“行政机关的行政行为对公民、法人和其他组织的权利义务已经或将会产生实际影响”。[2] 最高人民法院《关于适用〈中华人民共和国行政诉讼法〉若干问题的解释》（以下简称《适用解释》）第 3 条第 1 款第 8 项规定，行政行为对其合法权益明显不产生实际影响的，已经立案的，应当裁定驳回起诉。该规定与《执行解释》第 1 条的规定是一脉相承的。因此，利害关系标准实际上就是对权利义务产生影响的标准，也就是上文所述的三要素中的法律要素。而且这种利害关系应当是直接利害关系而非间接利害关系。由此，所谓的“公益性举报”的答复行为虽然在性质上也属于行政法律行为，但由于其与投诉举报人的利害关系一般均属于间接利害关系，因此，根据目前的法律规定，对于此类投诉举报人应认定为不具备行政诉讼的原告主体

---

〔1〕 该条规定：“与具体行政行为有法律上利害关系的公民、法人或者其他组织对该行为不服的，可以依法提起行政诉讼。”这条规定实际上是借用了 1989 年《行政诉讼法》第 27 条关于“与行政行为有法律上利害关系”的第三人参加行政诉讼的标准的规定。

〔2〕 江必新主编：《新行政诉讼法专题讲座》，中国法制出版社 2015 年版，第 110～112 页。

资格。

对于间接利害关系进一步分析,实际上其逻辑基础就在于间接因果关系。由于在哲学意义上所有的事物均处于普遍联系之中,间接因果关系可以通过不同的媒介几乎没有限制地延伸下去,如果确认行政诉讼原告范围的"利害关系"完全包括间接利害关系,可以对行政行为提起诉讼的主体范围就会极大扩展,甚至不受控制。因此,行政行为与合法权益之间的联系通常应当是一种直接联系,除非有法律、司法解释明确规定或其他充分理由,否则,间接因果关系不应当包括在行政诉讼的利害关系范围内,[1]如笔者在实践中遇到的过某与市国土局举报投诉一案。购房者过某投诉开发商与国土局的土地出让合同违法无效,要求国土局予以查处,并对国土局的答复不服,提起诉讼。《土地管理法》及《土地管理法实施条例》等法律、法规设定了国土部门对土地违法行为的监管职责。在该案中,从对实体权利的影响来看,虽然土地出让合同无效可能会影响到购房者的利益,但与购房者存在直接利害关系的是其与开发商之间的房屋买卖合同,这才是真正的纠纷所在。但过某并未选择通过民事途径主张权利,而是采用了向行政机关投诉举报的方法。过某并非市国土局与开发商之间土地出让合同的当事人,土地出让合同是否违法与过某并无直接关联。过某的举报对于行政机关而言,仅具有提供违法行政行为线索的意义,因此,无论行政机关查处与否,均与过某不存在行政法上的利害关系。也就是说,无论行政机关查处与否,均不涉及对过某权利义务的处分,即对过某的权利义务明显不产生实际影响,因此,过某不应具有本案行政诉讼原告主体资格。实际上,根据相关案情可知,过某提起本案诉讼的根本目的在于想通过诉讼对开发商和政府施压,从而达到退房的目的。本案中的这种间接利害关系与"公益性举报"还有所不同,其因果关系的传递更为直接、明显,但本案原告仍然不应具有行政诉讼原告主体资格,否则就会人为制造许多不必要的行政争议,导致对行政行为提起诉讼的主体范围无限扩大,极

---

〔1〕 参见余韬:《行政机关举报答复行为的性质》,载《人民司法(应用)》2016年第1期。

度浪费司法资源并损害纳税人的利益。

对于投诉举报类案件的利害关系还有另一种分析路径,那就是从利益分析角度出发的反射利益理论。所谓的反射利益,指的是当法律完全为了实现公共利益,而不是以保护特定个人的利益为目的时,该法实施给私人带来的利益,即为反射利益。反射利益受到侵害,公民个人无权以此为由请求法律救济。[1] 理论上,反射利益作为公法权利的对偶概念,是行政法律关系的核心问题。耶利内克在《主观公法权利体系》中曾这样经典性地谈及反射利益:"为了共同利益,公法的法律规范要求国家机关为特定的作为或不作为。这种作为或不作为的结果可能会有利于特定个人,尽管法制并无扩大个人权利领域的意图。这种情形可以被称为客观法的反射作用。"有关法律法规及部门规章在制定投诉举报类规定时,其立法目的都是为了通过投诉举报所获取的线索来履行法律法规及部门规章赋予该行政机关的监管职责,从而更好地维护公共利益或公共秩序,而不是为了维护某些特定个人的合法权益。即使该行政机关的查处行为可能会给投诉举报人带来某些利益(如确定性地给予投诉举报所涉第三人的行为以否定性评价),但这并不意味着投诉举报人据此拥有了通过行政诉讼来迫使行政机关作出有利于其个人利益的行为的权利。这方面最明显的例子莫过于实践中大量爆发的职业打假者案例,如某些职业打假者起诉市场监督管理局、食品药品监督管理局等部门,要求对某商场、超市等经营主体进行查处的案件。职业打假者期望通过行政机关的查处行为来获取有利证据,从而在进一步的民事诉讼中胜诉并获取成倍的高额收益。如果行政机关经过调查,认为投诉举报不实时,职业打假者就会对该答复提起行政诉讼。笔者认为,如果法律法规没有明确规定投诉举报人对行政机关作出何种行政行为享有请求权的话,那么其在投诉举报行政法律关系中享有的就仅是反射利益,并未上升至公法权利,而反射利益不应受行政诉讼保护。因此,职业打假者对于行政机关答复的内容不服的,不应具有行政

〔1〕 此概念解释引自百度百科"反射性利益"词条。

诉讼的原告主体资格,其只能通过民事诉讼的途径直接向第三人主张。这也是行政诉讼与民事诉讼救济途径的本质区别,即公法权利与私法权利应遵循不同的救济途径。对此,实践中也有相关的案例,如北京市第一中级人民法院审理的(2017)京01行终597号刘启明与北京市海淀区食品药品监督管理局行政处罚一案中,裁定认为:"根据《中华人民共和国食品安全法》(以下简称《食品安全法》)第一条之规定,该法之宗旨在于保证食品安全,保障公众身体健康和生命安全,食品安全的监管机关系出于保障食品安全秩序,保护不特定公众的身体健康和生命安全而履行监管职责。《食品安全法》第十二条明确规定,任何组织或者个人有权举报食品生产经营中违反本法的行为,上述规定对举报的主体不作资格限制,即体现了食品安全监管实质上是保障不特定公众利益的秩序性监管。食品安全监管机关对违反《食品安全法》的行为作出处罚,是出于对不特定公众利益的保护,并不会对举报人个人的合法权益造成侵害。如果举报人是食品的消费者,认为其作为消费者的相关合法权益受到侵害的,可以依据消费者保护的相关法律规定寻求救济。"

与反射利益理论相对应的,就是保护规范理论。传统学说认为,当法律为私人特别规定保护其一定利益时,该利益称为"法律保护的利益",该利益由于行政权的违法作为或不作为遭受损害时,当事人享有排除行政违法行为的权利(法律上的利益),可以向法院提起诉讼,要求排除违法行为(违法排除请求权),或者要求合法地行使行政权(行政介入请求权)。[1] 保护规范理论实际上就是认为行政机关在行使公权力对违法行为进行查处之时,兼有保护私人合法权益的作用。笔者认为,在投诉举报类案件中,确实有些原告是符合保护规范理论的,这部分当事人就是上文所述投诉举报涉及其实体性权利的当事人。但由于投诉举报人并不是行政相对人,故这些实体性权利的范围不能盲目扩大,因此在法律适用上不能直接套用新《行政诉讼法》第12条第1款第12项所述的"认为

---

〔1〕 参见杨建顺著:《日本行政法通论》,中国法制出版社1998年版,第199页。

行政机关侵犯其他人身权、财产权等合法权益的”受案范围的规定，而应该参考适用《执行解释》第13条第1项的规定，即被诉的具体行政行为涉及其相邻权或者公平竞争权的，公民、法人或者其他组织可以依法提起行政诉讼。实践中，最典型的例子就是当事人向规划、城管等部门投诉举报邻居搭建违章建筑的案例。投诉举报事项涉及了原告的相邻权，行政机关对违章建筑的查处兼具保护原告相邻权的作用，符合保护规范理论，因此，投诉举报人依法享有提起行政诉讼的原告主体资格。换言之，此类案件的投诉举报人同时享有通过行政诉讼和民事诉讼主张救济的权利。由此延展开来，如果投诉举报人与违章建筑搭建人仅处于同一小区，但并没有相邻关系，那么其与路人举报的情形在法律上并无本质不同，均不具有提起行政诉讼的原告主体资格。

四、投诉举报类案件的诉讼请求分析

（一）诉讼请求的落脚点：履责之诉

虽然投诉举报类案件所涉及的法律法规及部门规章不胜枚举，相应的诉讼请求也是五花八门，但总体而言，无非是要求行政机关履行答复职责或履行查处他人违法行为的职责，即最终落脚点仍是履责之诉。履责之诉是针对行政机关不作为的一种诉讼，《行政诉讼法》第38条规定了履责之诉的一般条件，即原告应当提供其向被告提出申请的证据。但这种规定实际上更多的是针对原告作为行政相对人的情形。最高人民法院在（2016）最高法行申2864号李某诉山东省人民政府不履行法定职责一案中确定了提起履责之诉的五个条件，十分具有借鉴意义。最高人民法院裁定认为：“一般来讲，公民、法人或者其他组织提起履行职责之诉至少应当具备这样几个条件：第一，他向行政机关提出过申请，并且行政机关明确予以拒绝或者逾期不予答复。第二，他所申请的事项具有实体法上的请求权基础。这种请求权基础可以产生于或者基于某一法律、某一行政机关的保证以及某一行政合同。总之，要求行政机关依照其申请作出一个特定行政行为，必须具有法定的权利依据。第三，他是向一个有管辖权的行政机关提出。管辖权是行政机关活动的基础和范围,行政机关应当在执行法定任务的同时遵守管辖权的界限。这种管辖权既包括该行政机关是否主管申请人所申请的专业事务,也包括同一专业事务中不同地域、不同级别的行政机关之间对于管辖权的具体分工。向一个无管辖权的行政机关随意提出一个申请,即使该行政机关予以拒绝,也不会使申请人当然地获取了诉权。第四,他申请行政机关作出的行为应当是一个具体的、特定的行政行为。要求行政机关实施没有外部效力的内部调整或者不是针对他个人的一般性调整,必须基于法律的明确规定。第五,行政机关对于原告申请的拒绝,可能侵害的必须是属于原告自己的主观权利。在原告不具备主观权利的情况下,即使行政机关的不作为有可能侵害公共利益,个体也未必具有提起行政诉讼的权利。"投诉举报类案件提起的履责之诉同样应当符合上述五大条件。第一个条件所需的申请,投诉举报类案件一般都具备;第二、第三、第四三个条件其实就是上文所述的三要素之一的职权、职责要素;第五个条件对应的就是三要素之一的法律要素,该条件也是符合上文所述反射利益理论的。此外,第二个条件实际上同时包含职权、职责要素和法律要素,该条件中所述的"实体法上的请求权基础"在一般行政不作为诉讼中更多针对的是行政相对人的实体性权利,如不履行行政许可法定职责等,但在投诉举报类案件中,如上文所述更多针对的是程序性权利,即获得答复权。

这里另外值得关注的是关于行政机关层级监督的问题。实践中,笔者曾经遇到这样的案例:某公司因其房屋被某区综合行政执法局强制拆除,以行政执法局为被告向区法院提起行政诉讼。诉讼中行政执法局提供了答辩状及部分证据,该公司认为行政执法局提供的证据是虚假的,遂向市政府进行举报,要求市政府对行政执法局提供虚假材料的行为进行查处。因市政府未予理会,该公司向法院提起行政诉讼。《中华人民共和国地方各级人民代表大会和地方各级人民政府组织法》第 59 条规定,县级以上的地方各级人民政府行使职权包括:领导所属各工作部门和下级人民政府的工作;改变或者撤销所属各工作部门的不适当的命令;指示和下级人民政府的不适当的决定、命令;保护社会主义的全民所有的财产和劳动群众集体所有的财产，保护公民私人所有的合法财产，维护社会秩序，保障公民的人身权利、民主权利和其他权利；保护各种经济组织的合法权益等。长期以来，由于政府对社会事务的大包大揽，人民群众已经形成了"有问题找政府"的习惯认知。体现到投诉举报类案件的行政诉讼中，大量的此类诉讼是原告直接向县、区政府或市政府投诉举报下级政府或各职能部门的问题。而这种投诉举报实际上违反上文所述履责之诉的第四个条件，即申请行政机关作出的行为应当是一个具体的、特定的行政行为。最高人民法院2017年9月发布的《关于进一步保护和规范当事人依法行使行政诉权的若干意见》对此也有明确的阐述："当事人因请求上级行政机关监督和纠正下级行政机关的行政行为，不服上级行政机关作出的处理、答复或者未作处理等层级监督行为提起诉讼，或者不服上级行政机关对下级行政机关作出的通知、命令、答复、回函等内部指示行为提起诉讼的，人民法院在裁定不予立案的同时，可以告知当事人可以依法直接对下级行政机关的行政行为提起诉讼。上述行为如果设定了当事人的权利义务或者对当事人权利义务产生了实际影响，人民法院应当予以立案。"因此，投诉举报类案件的答复在行政行为的职权、职责要素方面还必须是具体的、特定的，而不能是宽泛意义上的层级监督概念。据此，上述案例中原告提起的诉讼实际上就是要求市政府履行层级监督职责，而且还是在已经对市政府下级行政机关的行政行为提起了诉讼的情况下提出的。其对有关证据材料的异议应当在该行政诉讼中解决，而不是另行通过举报的方式启动另一个行政诉讼。值得一提的是，该原告通过举报、投诉和申请信息公开的方式在两三年内向法院提出了几十起行政诉讼，如果加上行政复议案件的话可能达到近百件案件，这样的例子并非个案，行政诉讼滥诉的情况已经到了亟需规制的地步。

（二）投诉举报类案件与信访的区分

由于投诉举报类案件的特殊性，其往往与信访产生交叉，从而为此类行政诉讼制造了更多的困扰。《信访条例》第2条第1款规定："本条例所称信访，是指公民、法人或者其他组织采用书信、电子邮件、传真、电话、走访等形式，向各级人民政府、县级以上人民政府工作部门反映情况，提出建议、意见或者投诉请求，依法由有关行政机关处理的活动。”因此，信访制度作为一项具有中国特色的政府与民众沟通的方式，它不是一种法定救济程序，而是一种诉求表达机制。[1] 这种机制与行政法律行为的最大区别就在于不具备三要素之一的法律要素，即对权利义务不产生实际影响，其性质应类似于行政机关对于咨询性请求的回复，属于行政事实行为。最高人民法院2005年作出的《关于不服县级以上人民政府信访行政管理部门、负责受理信访事项的行政管理机关以及镇（乡）人民政府作出的处理意见或者不再受理决定而提起的行政诉讼人民法院是否受理的批复》载明：“一、信访工作机构是各级人民政府或政府工作部门授权负责信访工作的专门机构，其依据《信访条例》作出的登记、受理、交办、转送、承办、协调处理、监督检查、指导信访事项等行为，对信访人不具有强制力，对信访人的实体权利义务不产生实质影响。信访人对信访工作机构依据《信访条例》处理信访事项的行为或者不履行《信访条例》规定的职责不服提起行政诉讼的，人民法院不予受理。二、对信访事项有权处理的行政机关根据《信访条例》作出的处理意见、复查意见、复核意见和不再受理决定，信访人不服提起行政诉讼的，人民法院不予受理。”该批复确定的信访不予受理的理由实际上就是前文所述对权利义务不产生实际影响的理由。是否对权利义务产生实际影响就是区分投诉举报类案件与信访的标准。实践中，根据该标准可以避免两方面的风险，一方面是行政机关以信访为由答复，从而规避履行法定职责的风险；另一方面就是部分上访户企图通过滥用行政诉讼权利给行政机关制造麻烦，从而获取其他不正当利益的风险。

五、结语

投诉举报答复的性质决定了其必须具备行政法律行为的三要素，尤其是职权、职责要素与法律要素。如果缺乏这些要素，如信访回复等，就属于单纯对某

---

〔1〕 参见余韬：《行政机关举报答复行为的性质》，载《人民司法（应用）》2016年第1期。

一事项的认知表示行为,该类投诉举报答复就属于不可诉的行政事实行为。而投诉举报本身也可分为"公益性举报"和"自益性举报","公益性举报"限于目前的法律规定和法院的承载能力,一般应认定原告不具备行政诉讼的主体资格。而"自益性举报"中如果仅具备间接利害关系或反射利益,则也应认定原告不具备行政诉讼的主体资格。此外,投诉举报类案件所涉职权、职责要素应当是具体的特定的监管职责,而非宽泛的层级监督职责;投诉举报人在此类案件中所享有的请求权基础也往往是获得答复权这种程序性权利而非实体性权利。因此,根据目前的法律规定,行政诉讼中投诉举报类案件一般只要行政机关履行了答复义务就应当认定其已经履行了法定职责,而涉及相邻权或公平交易权的投诉举报类案件,则应当从实体上审查行政机关对投诉举报事项的处理是否合法。

主题二　《行政复议法》修正研究

我国行政复议委员会制度改革的问题与方向*

曾祥华**

内容提要 行政复议委员会制度欠缺法律依据，也影响了申请人的管辖选择权，但是，该项制度实践成效明显，有利于增强行政复议的中立性、公正性和权威性。行政复议是一种介于行政与司法之间的准司法行为，其改革要保持行政性质的优点，吸收司法审判的长处，但不能完全司法化。行政复议委员会今后应当成为可以独立作出决定的机构，近期可以设立于行政机关之内，远期可以设立于行政机关之外。外部专家应占行政复议委员会成员二分之一以上，成员要经常培训学习。行政复议程序应当在简捷、快速、便利、经济的行政程序与公正、中立的司法程序之间寻找平衡。

关键词 行政复议委员会 改革方向 合法性 有效性 定位

2008年9月国务院法制办公室发布《关于在部分省、直辖市开展行政复议委员会试点工作的通知》（以下简称《通知》），至今已经10年了。10年来试点工作在多地开展，出现了多种试点模式，取得了一定的经验，也发现一些问题，甚

---

* 基金项目：江南大学人文社会科学重大课题培育项目：《较大的市立法权及其运行机制研究》阶段性成果。此文发表于《甘肃政法学院学报》2018年第2期。

** 曾祥华，法学博士，江南大学法学院教授，主要研究宪法学与行政法学、食品安全法学。

至引起激烈的争论,如何看待行政复议委员会制度,行政复议委员会的出路在哪里,应当朝着什么方向发展,仍然需要进一步的探讨。随着《行政复议法》修改提上日程,尤其迫切需要对这一问题的研究。笔者作为地方政府行政复议委员会委员,对此有切身体会,希望把自己的体验作出理性的表达,以期促进行政复议制度的完善。

一、是否合法?

行政复议委员会制度试点的依据就是前述国务院法制办的《通知》,即一个国务院部门出台的规范性文件,该文件目的是推动行政复议制度改革,“提高行政复议办案质量、效率和社会公信力”,“优化行政复议资源配置、充分发挥行政复议制度功能”,其出发点无疑是正确的,也是现实生活迫切需要的,但是,该通知的具体做法与《行政复议法》规定的不完全一致,因此,对行政复议委员会制度尤其是其具体操作方式的合法性问题,不少学者提出质疑。

从形式上看,《行政复议法》是一部法律,而《通知》只是一个部门规范性文件,以规范性文件作为改革的依据,确实存在欠缺。从法律位阶的角度,以一个规范性文件改变法律规定的内容,确实涉嫌违反法律优先原则。尤其是在十八届四中全会确立“实现立法和改革决策相衔接,做到重大改革于法有据”的方针之后,这种做法已经不合时宜。不过,解决的办法也应当依照中央精神:“立法主动适应改革和经济社会发展需要。实践证明行之有效的,要及时上升为法律。实践条件还不成熟、需要先行先试的,要按照法定程序作出授权。对不适应改革要求的法律法规,要及时修改和废止。”所以,修改《行政复议法》势在必行。如果不能及时修改法律,就需要全国人大常委会授权。

具体来说,有几个方面的问题需要研究:

(一)行政复议委员会与行政复议机构权限冲突问题

“从全国来看,当前各地行政复议委员会模式大体有三种:一是将原来分散于政府各部门的行政复议权,全部集中到政府设立的行政复议委员会统一行使;

二是部分集中模式,即行政复议委员会集中行使部分政府部门的部分行政复议审理权,目前大多数试点单位都采用这种模式;三是北京、上海等地多数试点单位采纳的模式,即保持现行行政复议体制不变,通过吸收外部人士组成行政复议委员会,对重大疑难案件进行集体研究,以表决的方式形成案件处理建议意见,供行政复议机关在裁决时参考。"[1] 与现行《行政复议法》第3条、《行政复议实施条例》第2条规定不一致。[2] 在第一和第二两种模式中,行政复议委员会实际上(全部或部分)取代行政复议机构(法制工作机构)行使了行政复议权。黑龙江省和广东省中山市实行的是第一种模式。黑龙江省行政复议委员会采取集中受理、集中审查、集中决定行政复议案件,省政府和省直单位分别按照行政复议委员会主任委员或者行政复议委员会决定意见作出行政复议决定,由行政复议委员会办公室送达案件当事人。广东省中山市所有案件皆由行政复议委员会独立审理和议决,原行政复议机关不再参与。这里实际上还有所区别,如果黑龙江省行政复议委员会实际作出行政复议决定,由省政府和省直单位以自己的名义而不是行政复议委员会的名义作出决定,在形式上并没有问题,只是在实质上行政复议委员会取代了原复议机构(法制工作机构)和复议机关(省政府和省直单位)。这种做法实际上违反了职权法定原则,但是,从形式上来看并没有问题。从中山市的做法来看,如果最后以行政复议委员会的名义作出决定,则从实质上和形式上双重违背法律规定。不过,《通知》本身要求行政复议委员会改革"在依法以行政复议机关名义作出行政复议决定的前提下"进行。最主要的问题在于,无论哪种模式,如果实际作出决定的机构与名义上作出决定的机构不一致,

[1] 黄学贤:《关于行政复议委员会的冷思考》,载《南京社会科学》2012年第11期,第104~110页。

[2] 《行政复议法》第3条规定:"依照本法履行行政复议职责的行政机关是行政复议机关。行政复议机关负责法制工作的机构具体办理行政复议事项。"《行政复议法实施条例》第2条规定:"各级行政复议机关应当认真履行行政复议职责,领导并支持本机关负责法制工作的机构(以下简称行政复议机构)依法办理行政复议事项,并依照有关规定配备、充实、调剂专职行政复议人员,保证行政复议机构的办案能力与工作任务相适应。"

将导致权责不统一的现象，行政复议委员会有权无责，而行政复议机关有责无权。

在行政处罚和行政许可中，经国务院批准，可由一个行政机关集中行使其他机关行政处罚或者行政许可的权限，有人因此类推，认为同样的道理，由一个机关集中行使其他机关的行政复议权也不违反职权法定原则。但是，论者没有注意到，相对集中行政处罚权和相对集中行政许可权都有明确的法律依据，即《行政处罚法》第16条和《行政许可法》第25条，[1]而《行政复议法》却没有类似规定。有学者反对相对集中行政复议权的做法，认为这种做法忽视了实在法以上的价值判断，不具备实质合法性。[2] 笔者也认为这种做法有问题，但是，笔者以为，这种做法主要是形式上违法，如果相对集中行政复议权有利于行政公正、便利行政相对人、能够提高行政效率的话，反而充分具备实质合法性。在笔者看来，相对集中行政许可权和相对集中行政复议权，不仅提高了行政效率，而且便利了行政相对人或者增强了公平性，不仅仅是从维护秩序着眼，因此，总体上是正当的，应当予以肯定。而相对集中处罚权则主要是为了维护秩序、提高效率，对弱势群体的生存权等考虑甚少，因此，在实质上正当性不足。

(二)行政复议申请人的管辖选择权问题

《行政复议法》第12条本来规定："对县级以上地方各级人民政府工作部门的具体行政行为不服的，由申请人选择，可以向该部门的本级人民政府申请行政复议，也可以向上一级主管部门申请行政复议。"而《通知》则要求相对集中处理行政复议权，实行"集中收案、集中人力、集中办理"。在实际运作中，基层政府采取一些技术手段，在没有硬伤的情况下，"巧妙"地把行政复议权集中在政府

---

[1] 《行政处罚法》第16条规定："国务院或者经国务院授权的省、自治区、直辖市人民政府可以决定一个行政机关行使有关行政机关的行政处罚权，但限制人身自由的行政处罚权只能由公安机关行使。"《行政许可法》第25条规定："经国务院批准，省、自治区、直辖市人民政府根据精简、统一、效能的原则，可以决定一个行政机关行使有关行政机关的行政许可权。"

[2] 参见吴志红、蔡鹏：《浅议我国行政复议委员会制度改革的困境与出路》，载《西南政法大学学报》2010年第6期，第56~62页。

(法制办公室)手中,排除了作出行政行为的政府部门的上一级机构的行政复议权,其办法就是要求无论向谁申请行政复议都由基层政府法制办公室统一接受复议申请书,申请人一般为了方便起见,自动选择(作出行政行为的部门所属的)政府作为行政复议机关。如此一来,申请人本来依据法律可以作出管辖选择的权利便被无形中自动放弃了。从这一角度看这种做法确实限制了申请人的管辖选择权。有学者认为,《通知》提倡的相对集中行政复议权与其追求的注重实效的原则(高效、便捷、公正)相悖,其实是一种误解,并且自相矛盾,因为该学者也认为"向作出具体行政行为的行政机关所在政府申请复议,无疑能较好地实现将行政争议主要化解在基层、化解在初发阶段、化解在行政机关内部的目标"。[1] 而相对集中行政复议权就是把分散在各个部门的行政复议权集中在基础政府手中,正是为了将行政争议化解在基层。一般来说,基层政府比上一级政府的部门距离申请人更近,因此,相对集中行政复议权不仅可以节省当事人的路费,而且可以节省当事人时间和精力。

二、有无实效?

行政复议委员会试点是在行政救济途径不畅通、社会矛盾化解机制低效、行政纠纷解决乏力的背景下推行的,力图改变"大信访、中诉讼、小复议"的局面,争取建立"大复议、中诉讼、小信访"的行政纠纷解决机制。因此,《通知》强调"注重实效原则"。行政复议委员会要不要,好不好,实践出真知,考察其运行的实际效果,才能得出正确的结论。

(一)有什么效果?

2007年北京市成立行政复议委员会,首创试点,行政复议案件受理量和纠错率明显上升,2007年收到行政复议申请456件,比2006年增加100件,增长

〔1〕 黄学贤:《关于行政复议委员会的冷思考》,载《南京社会科学》2012年第11期,第104~110页。

28.1%，纠错率7.8%。2008年纠错率达13.9%。[1] 哈尔滨市行政复议委员会试点工作起步早，效果明显。近年来，案件数量每年同比增长30%，2009年就达到了600件，协调结案率大幅提高，达到62%。[2] 无锡市行政复议委员会成立稍晚，但成效明显。2014年，全市各级行政复议机关共收到行政复议申请441件，申请人总数582人次，2015年，全市各级行政复议机关共收到行政复议申请653件，比上年增长48.1%。其中，市政府收到249件，受理204件，受理率为81.93%。2014年，在已审结的364件案件中，复议机关作出维持决定的255件，维持率为77.05%。2015年，全市各级行政复议机关共审结案件523件，从审理结果看，维持的337件，占64.44%。[3]

（二）为什么有效果？

一是行政复议委员会组成打破了行政复议人员清一色由行政机关工作人员组成的方式，为更加公正地审理案件提供了可能性。按照《通知》的精神，行政复议委员可以邀请专业人士、专家学者担任，因此，各地试点单位按照一定的比例遴选律师、大学教授、研究人员纳入行政复议委员会成员名单。哈尔滨市行政复议委员会经市政府授权审查议决市政府受理的行政复议案件。在委员会组成人员中，市政府以外的法律方面的教授、学者、资深律师、人大代表、政协委员等"外部委员"占全部委员的81%。[4] 第一届北京市行政复议委员会由18名委

---

〔1〕 金国坤：《行政复议委员会：行政复议困局的突破口》，载《国家行政学院学报》2009年第6期，第24～29页。

〔2〕 王彦、赵双辰：《推行行政复议委员会制度若干问题探讨——以辽宁省为例》，载《大连民族学院学报》2014年第6期，第660～668页。

〔3〕 无锡市法制办：《2014年度全市行政复议案件统计分析报告》，载无锡市人民政府法制办公室官网，http://fzb.wuxi.gov.cn/doc/2015/02/17/330516.shtml，2016年12月6日访问；无锡市全面推进依法行政工作领导小组办公室：《2015年全市行政复议和行政应诉案件统计分析报告》，载无锡市人民政府法制办公室官网，http://fzb.wuxi.gov.cn/doc/2016/02/15/892708.shtml，2016年12月6日访问。

〔4〕 参见王彦、赵双辰：《推行行政复议委员会制度若干问题探讨——以辽宁省为例》，载《大连民族学院学报》2014年第6期，第660～668页。

员组成,其中知名专家学者等构成的非常任委员 18 名,占 64.3%。由于笔者担任本市行政复议委员会委员,参加审理过复议案件,主持过行政复议听证会,比较了解复议机构的心态,遇到难以处理或者有可能改变原行政行为的案件,自己不愿意得罪被申请人,不便出面,所以,往往邀请外部专家审理。因此,外部专家的参与,确实有利于行政复议工作的开展。有学者质疑,学者、专家的参与是否就能够促进行政复议的公正性和中立性,知识也可能成为一种压迫的工具,专家也可能成为政府的附庸。再者,学者、专家事务繁忙,未必有时间参加复议事务,专家学者未必就能够保证正义。不可否认,这些担心有一定的道理,但是,任何事情都是相对的,学者、专家未必能够绝对保障公平正义,却能够相对超脱利益纠葛,保证相对公平。毋庸置疑,专家、学者的参与比纯粹的行政系统内部的自我监督更加有效。另外,对参与行政复议的专家学者,也可以提出纪律要求,建立监督淘汰机制。

二是相对集中行政复议权改革之后,复议案件大部分集中到政府,比较而言,政府下属部门众多,与各部门之间的关系不像专业部门与下级垂直领导或指导关系的部门之间的关系那么密切。

三是 2014 年修改后的《行政诉讼法》第 26 条规定,"经复议的案件,复议机关决定维持原行政行为的,作出原行政行为的行政机关和复议机关是共同被告"。因此,无论行政复议是否改变原行政行为,复议机关都有可能成为被告。如此一来,行政复议机关借维持原行政行为逃避做被告的可能性被彻底消除,复议机关改变原行政行为的可能性大大增加。因此,在分析新《行政诉讼法》颁布之后的行政复议案件数据时,理应考虑这个因素。也就是说,2015 年以后的行政复议效果变化,需要全面考量,不能仅仅归因于行政复议委员会。

(三)是否有利于精简机构?

早在十多年前,就有学者主张撤销各级政府及其工作部门的复议机构,将其复议职能剥离出来,统一建立行政复议委员会,并给予相应的编制,认为这样能精简机构,缩减编制,提高效能。[1] 但是,也有学者持相反的观点,担心行政复议委员会改革会造成新的一轮机构膨胀。其理由是,现行执行行政复议职能的机构的职能不仅仅限于行政复议,主要是执行咨询、起草法案、执法监督等职能,剥离原机构的行政复议职能,并不能导致原行政机构的撤销,而新成立的行政复议委员会却需要大量的编制。另外,将来还有可能将外部专家学者纳入行政编制之列。[2] 笔者认为,相对集中行政复议权应当会产生精简人员、缩小机构编制的效果,因为,尽管原行政复议机构的复议职能被剥离后,其机构本身没有被撤销,但是,因其职能的减少其编制自然亦可以减少。按照现行改革方案,行政复议委员会的成员主要来自政府机关和法制机构人员以及外部专家,主任、负责人人选本身就是政府领导人员,原来就负有领导行政复议工作的职责,也不是专门从事行政复议的人员,不存在专家编制问题。还有一部分人员是政府各个机构中从事法务相关工作的人员,这些人员要么原来就从事政府行政复议工作,要么只是兼任行政复议委员会委员,所以,也不存在增加编制问题。至于外部人员,笔者反对将其"体制化"(纳入体制内、编制内),因为一旦这些专家角色发生变化,其中立性、独立性便不复存在,与行政复议委员会改革促进复议公正性的初衷完全背离。至于行政复议委员会下设的办公室,因其与行政复议机构合署办公,也不存在编制增加问题。

三、怎么定位?

(一)性质定位

行政复议改革的目的是增强行政复议的公正性和权威性,同时也更加有利

---

[1] 参见石佑启、王成明:《论我国行政复议管辖体制的缺陷及其重构》,载《环球法律评论》2004年第1期。

[2] 参见吴志红、蔡鹏:《浅议我国行政复议委员会制度改革的困境与出路》,载《西南政法大学学报》2010年第6期,第56~62页;刘飞:《行政复议体制改革的模式及路径探析》,载《前沿》2007年第9期,第160页。

于畅通冲突救济渠道,化解行政纠纷,另外,也可以加强对行政机关行政行为的监督。正是基于此种考虑,很多学者提出了行政复议司法化的建议。行政复议通常被归为“行政司法”,但是,对行政复议的性质定位和改革方向却存在争议。在国外,比如英国,行政裁判所的独立性很强,几乎等同于司法机关。那么,在我国行政复议机构应当怎样定位,到底是行政性质还是司法性质?行政复议机构能不能成为一个司法机关?

从目前的状况看,行政复议机构无疑是一个行政性质占主导要素的机构。首先,行政复议机构位于行政机关之内,属于行政编制,除工作职责之外,没有什么不同于其他机构之处,行政复议机构缺乏独立性。行政复议以书面审理为主,听证、开庭审理为辅;行政复议的期限很短;行政复议过程一般不对外公开;没有上诉程序,对行政复议决定可以提起行政诉讼(司法程序),行政复议决定不能成为终局裁决。行政复议委员会试点推行之后,国家公务员之外的专家、学者参与,独立性有所增强,但是,开庭审理的案件仍然属于少数,限于重大疑难或者典型案件,复议时限没有变化,仍然没有上诉程序,可以提起行政诉讼。

当然,行政复议也具有司法性质的成分,其直接目的是解决行政纠纷,以及“定分止争”。在复议时有申请人和被申请人双方对峙,复议机构要进行调查、审理和裁决,作出行政复议决定。复议之前双方要提供申请书等材料以及书证物证等。不经当事人申请,行政机关不能主动进行行政复议,行政复议具有被动性。这些方面都与司法过程类似。

那么行政复议司法化的方向对不对?行政复议能不能通过改革完全变成司法程序?

针对目前行政复议效果不尽如人意,群众相信信访甚于复议,行政复议权威性、可信性、公正性遭遇不信任的情形,为了提高行政复议的权威性和公正性,改革行政复议制度,增强行政复议组织的独立性和中立性,增强复议程序的透明度,促进行政复议朝着司法化的方向发展,完全是必要的,也是应当鼓励的。但是,行政复议司法化,只是吸收司法程序的优点,提高行政复议的公信力和优化其成效,并不代表把行政复议改变为一个司法程序。在近期的中国,无论是前述国务院法制办的《通知》精神,还是目前中国的国情都决定了行政复议不可能演变为一个司法程序。即使在将来,将行政复议改革成为一个完全的司法程序也没有必要,因此,行政复议的行政性质既有其缺点,也有其长处,简捷、快速、便利、免费等都是其优点。如果将行政复议完全司法化,岂不是等同于行政诉讼,那么行政复议制度设置也就失去了其存在的意义,至多相当于将行政诉讼多加一道上诉程序而已(三审终审制)。

因此,行政复议的性质是一个准司法行为,既具有行政性质,又具有司法性质。

至于行政复议到底是一种权利救济机制还是行政监督(行政纠错)机制,笔者认为,议没有什么实质意义,因为,这两种机制并不冲突,可以并行不悖。就行政相对人(复议申请人)来说,其目的主要是救济权利,但其行为(申请复议)客观上引发了行政监督程序。就行政复议机关来说,行政复议既是一个权利救济机制,也是一个行政监督(上级机关对下级机关或部门)机制,两者并行不悖,一个行为,双重效果。实际上行政复议是一个通过行政内部权力制衡达到权利保障效果的制度装置。任何权力都需要制约,没有制约的权力不仅会导致腐败,而且还会肆意损害公民权利。行政权是当今时代最强势的权力,必须通过内部和外部的制约力量来促进其合法化行使。行政复议正是一种行政系统内部监督的机制,这种监督具有先天性缺陷,类似于父亲监督儿子,不容易下手。行政复议委员会制度就是让内部监督吸收外部监督的力量和方式来改进行政复议机制,使其更加公正更加公开,达到更好的监督效果,从而更好地保障公民的权利。

(二)组织定位

关于行政复议委员会设立,应当坚持相对集中原则,《行政复议法》修改后,规定在县级以上政府(将来时机成熟,也可以在政府之外独立设置)设立行政复议委员会,政府所属部门一般不再设立行政复议机构,少数专业性极强的部门除外。这一点可以借鉴韩国的经验,韩国建立了国务总理行政复议委员会、独立的行政复议委员会和地方行政复议委员会。在中央,设立国务总理行政复议委员会,除专业性极强的少数中央部门外,统一办理行政复议案件。[1] 这样做不仅能够节省资源,便利群众(如前所述),而且有利于加强监督的力度。

目前,我国的行政复议机构内设于政府及其部门之内,是行政机关的组成部分,履行行政监督和解决行政纠纷的职责。按照《通知》的精神,试点改革中的行政复议委员会仍然以行政为主导。意图建立“政府主导、社会专家学者参与”的行政复议机制。行政复议委员会负责人由行政机关相关领导人员担任,普通委员可以是专职行政复议人员,也可以聘请专业人士、专家学者等外部人员担任。按照这种定位,行政复议委员会是一个行政主导、设于行政机关内部却吸收了外部力量的组织。外部专家只是一个参与行政事务的非主导力量。当然,这种组成结构并不排除外部专家充分发挥作用的可能,这种作用的发挥依赖于几个条件:一是在行政复议审理人员(合议庭)中,外部专家占多数;二是合议庭实行民主表决方式决定复议结果;三是行政机关领导人充分尊重乃至无条件服从合议庭决定。《通知》意图为处理好行政首长和行政复议委员会的关系作出探索,促进行政复议委员会作用的充分发挥。但是,一方面,《通知》尽管意图明显,却没有明确行政首长和行政复议委员会的权力范围和界限,界分各自的具体职权;另一方面,《通知》只是一个规范性文件,不属于法律的范畴,至多只是一个政策性文件。

笔者认为,将来的行政复议制度改革大致可以分两步走:第一步,通过修改《行政复议法》把当前的改革往前再推进一步,以现行试点行政复议委员会为基础,除人员比例之外,明确规定行政复议委员会为行政复议机构,确定其职权范围和决定的效力,即行政复议委员会的决定为有效的行政复议决定,无须行政机关负责人或者政府常务会议批准。第二步,经过多年实践之后,条件成熟时,不排除建立独立于行政机关之外的行政复议委员会的可能。届时行政复议委员会

[1] 参见青锋、方军、张越著:《韩国行政复议制度》,中国法制出版社2005年版,第48页。

有独立的机构、独立的编制、单独的财政拨款、独立的办公场所。可以设想,行政复议委员会各自独立,互不隶属,但是,中央一级设立行政复议委员会指导机构。在英国,1952 年的行政裁判所与公开调查法设立了行政裁判所委员会,1992 年新法对该委员会予以保留,其成员由大法官和苏格兰事务大臣任命。行政裁判所委员会的职责之一就是控制并审查为数众多的行政裁判所结构和工作情况,其职能主要是建议和咨询性质的,没有执行权,但是,它可以向相关的部长就行政裁判所成员的任命提出一般建议,但是,无权直接任命行政裁判所的成员。委员会每年向大法官和苏格兰事务大臣提交一份年度报告。委员会没有制定规则的权力,但是,针对任何属于该委员会监督范围的行政裁判所而制定的程序规则,都必须事先咨询该委员会的意见。一个由大法官任命的委员可以对另一个部门的做法提出批评,这种批评意见由于社会舆论的压力,其影响力还是相当之大的。受政治文化氛围的影响,任何政府都不敢对已经建立起公众威望的咨议机构的意见置若罔闻。委员会致力于行政裁判所的公正性、公开性和无偏私。[1] 借鉴英国的经验,我国可以在中央一级设立行政复议指导委员会,行使对各级各地行政复议委员会指导、咨询、调查(报告)和制定示范规则之职责,行政复议指导委员会对最高行政机关或者最高权力机关负责。对最高权力机关负责,是借鉴瑞典、英国等国家的议会行政监察专员(ombudsman)制度,其监察专员由议会任命,对议会负责,向议会报告工作。因此,行政复议委员会由最高权力机关任命,由最高权力机关监督,也是一个可以探讨的模式。

《行政复议法》修改或者全国人大常委会授权之后,无论采取哪种方案,行政复议委员会之下仍然设立办公室,负责日常工作。至于行政复议委员会与办公室之间的内部分工,主要根据案件的性质处理。一般案件由办公室处理,经行政复议委员会负责人审批后以行政复议委员会的名义作出决定。重大疑难案件、新型案件、典型案件、争议较大的案件,由行政复议委员会审理并决定。另

---

〔1〕 参见张越编著:《英国行政法》,中国政法大学出版社 2004 年版,第 624 ~ 626 页。

外,可以考虑行政相对人的选择权,申请人或者被申请人由行政复议委员会审理的或者申请开庭审理的,经过行政复议委员会同意,可以由行政复议委员会组成合议庭(开庭)审理。

四、如何操作?

(一)行政复议委员会的组成

按照第一种比较现实的方案即行政复议委员会设立于政府内部的方案,行政复议委员会主任可以由政府有关分管负责人或者政府法制办主任担任,副主任可以由业务相关的一定级别的官员担任,为了在相对集中行政复议权之后,充分利用政府部门人才资源,可以在政府部门中遴选行政复议委员会委员,一般来说,一个部门不超过一人。其他委员在专家学者、律师中选聘。新《行政复议法》应当明确规定,行政复议委员会中外部专家的比例应当超过二分之一,以保证行政复议委员会的中立性和公正性。外部专家必须具备一定的资质,如资深律师,大学法学院高级职称(副教授、教授),或者研究机构(法学研究所副研究员及其以上),或者有其他专业高级职称而行政复议需要的人士。当然,行政复议委员会成员应当以法律专业人士为主。行政复议委员会委员必须忠于法律,认真负责,没有道德瑕疵。行政复议委员会委员任期5年(与政府任期相同),可以连选连任,但是,行政复议委员会主任、副主任连任不得超过两届。人性总有弱点,任何人都不可能天然公正无私,因此,对专家学者也要有遴选制度、纪律约束、监督制度、淘汰机制。

有人担心,在后发达地区,特别是县级政府所在地,建立行政复议委员会是否有足够的法律人才,也就是说行政复议委员会能不能搭建起来。据笔者了解,在中西部地区,县城里面律师还是具有一定的数量,只是缺少法学院或者科研机构,因此,行政复议委员会外部委员可以以律师为主,适当聘请一些学者。在地级市所在地,一般都有高等院校,在如今交通越来越发达的情况下,聘请高等院校、科研机构的学者专家参与行政复议委员会应当也是可行的。

行政复议委员会的委员应当进行《行政复议法》的学习和培训，尤其是审理案件程序和主要规制方面的培训，参加复议工作经验的交流。目前行政机关的人员专业结构复杂。在司法考试之前，法官检察官不需要参加职业考试，无需职业资格即可上岗，而律师反而需要通过律师资格考试。现在的行政机关中，很多从事行政复议工作的人员没有法律知识背景，因此，对他们的培训尤其重要。由于现在公务员的进修需要自己支付学费等，公务员进行学历培训的积极性已经大大减少，在此背景之下，对从事行政复议工作的公务员进行培训尤其重要。今后实行法律职业资格考试，凡是从事法律工作的人员，不论是在司法机关还是行政机关，获得法律职业资格才能上岗，情况会大大改观。

（二）程序规范

如前所述，行政复议是一个准司法程序，要在简捷、快速、便利、经济的行政程序与公正、中立的司法程序之间寻找平衡。因此，应当避免繁冗的前提下寻求行政正义，坚持书面审理与听证程序相结合的审理方式。行政复议委员会改革的目的实现不仅仅依赖于行政复议委员会的组织架构，而且也必须结合程序上的改进。对于一般案件，仍然采取书面审理。但是，对于复杂疑难、事实不清、法律适用有疑惑、影响较大、群体性案件，应当采取听证会的方式审理。另外，当事人要求举行听证，经行政复议委员会审查同意举行听证的，可以举行听证。除涉及国家秘密、当事人隐私的案件以外，听证会应当公开举行。应当允许公众参与旁听。在江苏，很多城市法制办都被统一要求设立听证室，既然有比较宽大类似法庭的听证室，完全具备公开听证的物质条件，听证能否公开举行就取决于行政复议机构的观念了。在美国，行政机关中的委员会，在举行委员会会议时都允许公众申请旁听。在我国，行政复议听证会公开举行应当是理所当然。听证会的公开，不仅可以保证公正、公平，而且可以对公众进行普法教育。听证会应当有充分的陈述、举证、质证乃至辩论程序。听证会应当制作笔录，听证应当实行案卷排他性原则，凡是未经听证质证过的证据，一律不得作为听证决定的依据，决定应当依据听证笔录作出。不论是否听证，委员会应当保证当事人的知情权，是否举行听证,案件办案人是谁,都应当告知当事人。案件进展到什么程度,如果当事人询问,也应当告知当事人,尤其是要注意保障申请人的知情权。对于书面审理的案件,也可以适度扩大当事人的参与权,在接收案件时,可以听取当事人的口头陈述,并制作笔录。

听证会合议庭应当由三个或者三个以上的单数行政复议委员会委员组成,设主持人 1 人,听证员若干人。合议庭成员与案件有直接利害关系的,应当回避。

在《行政复议法》修正之后,如果采取第一套方案,即在行政机关内部设立行政复议委员会的方案,行政复议委员会决定的效力问题,应当慎重考虑。不能把行政复议委员会变成一个议而不决的机构,行政复议委员会的决定应当是生效决定。不过可以考虑一个缓冲机制,即行政机关负责人认为行政复议决定有问题的,可以退回行政复议委员会,委员会必须重新讨论,如果行政复议委员会仍然坚持原来的决定,行政复议决定即行生效。复议案件既然由行政复议委员会作出决定,如果当事人不服提起行政诉讼,根据权责一致原则,应当以行政复议委员会为被告。行政复议委员会对行政复议决定承担法律责任包括诉讼后果责任。

五、结语

行政复议委员会试点虽然出现一些问题,但是,它的方向无疑是正确的,行政复议委员会制度应当有利于促进行政复议的公正性。当前的任务是通过试点总结经验,发现问题,完善制度,而不应当否定它。试点工作已经进行 10 年了,处于重大改革应当于法有据的背景之下,行政复议委员会试点成果应当尽快法律化,以法律的形式明确其架构、地位、权限、程序、责任等。因此,修改《行政复议法》迫在眉睫。

公职人员行政复议特别程序研究*

杨　红**

内容提要　国家监察全面覆盖公职人员,梳理现行立法对于公职人员权利救济与法律责任的规定,两者的紧张关系值得关注。借鉴域外国家设立专门机构救济公职人员权益的经验,正视我国人事管理一体化的特点,回应国家监察体制改革的客观需求,遵循争议解决专业化的发展趋势,为我国建立公职人员行政复议特别程序,提供了强有力的理论支撑和现实基础。公职人员行政复议特别程序的设计应当考虑程序的机构独立且专业、范围明确、复核前置废止等内在要求,通过坚持复议程序前置下司法救济最终保障原则,修正聘用合同争议仲裁制度,启动国家赔偿机制,实现行政复议特别程序与其他救济程序的衔接。

关键词　公职人员　权利救济　行政复议　特别程序

引言

党的十八大以来,中共中央加大了惩治腐败行为的力度,通过纪检监察系统反腐败体制机制的改进,以巡视制度为抓手,取得了反腐工作的突出成效。2017年10月29日,中共中央办公厅印发了《关于在全国各地推开国家监察体制改革试点方案》(以下简称《方案》),部署在全国范围内深化国家监察体制改革的探

* 基金项目:本文系2014年甘肃省高等学校基本科研业务费项目的阶段性成果。

** 杨红,甘肃政法学院法学院教授,法学博士,主要从事行政法学研究。

索实践,完成省、市、县三级监察委员会组建工作,实现对所有行使公权力的公职人员监察全覆盖。《方案》指出,党中央决定,北京市、山西省、浙江省继续深化改革试点,其他28个省(自治区、直辖市)设立省、市、县三级监察委员会,整合反腐败资源力量,完成相关机构、职能、人员转隶,明确监察委员会职能职责,赋予惩治腐败、调查职务违法犯罪行为的权限手段,建立与执法机关、司法机关的协调衔接机制。2017年11月4日第十二届全国人大常委会第三十次会议通过了《全国人民代表大会常务委员会关于在全国各地推开国家监察体制改革试点工作的决定》(以下简称《决定》),随着《方案》和《决定》的发布、通过,我国监察体制改革全面推开。《决定》规定,"监察委员会按照管理权限,对本地区所有行使公权力的公职人员依法实施监察"。在对公职人员监察全面覆盖的背景下,基于公职人员权利保障的视角,检视公职人员权利救济之不足,在现有申诉制度的基础上,尝试建立公职人员行政复议特别程序,为国家监察权的设计提供理论参考和借鉴,从而彰显权力配置的法治理念。

一、公职人员权利救济与责任担当之紧张关系

(一)公职人员权利救济的立法分析

为了方便下文的论述,首先对行使公权力的公职人员加以界定。从现有的研究成果来看,学界对公职人员的范围基本形成了共识,普遍认为,国家监察的对象一般包括以下人员:各级人民代表大会机关工作人员,各级行政机关工作人员,各级司法机关工作人员,各级政协机关工作人员,中国共产党各级机关工作人员,民主党派各级机关工作人员,教育、科学、文化、医疗、卫生、体育等事业单位的工作人员,社会中介组织工作人员,基层群众性自治组织工作人员,工商联、工会、共青团和妇联等特殊组织的工作人员,国有企业管理人员,其他应纳入监察范围的对象。由此可见,此处所指的公权力,也理应做广义的解释,即包括国

家公权力和社会公权力。[1] 有学者特别强调,公权力机关包括所有国家机关和法律、法规授权的组织,这些机关或组织中行使公权力的人员、受委托行使公权力的组织成员在行使委托权力时,才属于监察覆盖的对象。[2] 根据《中华人民共和国监察法(草案)》第12条关于公职人员范围规定,涉及公职人员权利救济的立法主要表现为以下方面:一是《公务员法》的规定。《公务员法》第90条规定:"公务员对涉及本人的处分等人事处理不服的,可以自知道该人事处理之日起三十日内向原处理机关申请复核;对复核结果不服的,可以自接到复核决定之日起十五日内,按照规定向同级公务员主管部门或者作出该人事处理的机关的上一级机关提出申诉;也可以不经复核,自知道该人事处理之日起三十日内直接提出申诉。"二是《法官法》《检察官法》的规定。这两部法律规定的救济途径基本相似,主要包括复议(此处的复议相当于复核)、申诉、控告、请求赔偿损失等。[3] 法官、检察官提出的复核、申诉,针对的是人民法院、人民检察院关于本人的处分,控告没有具体的规定。三是其他规定。根据《教师法》第39条的规定,教师对学校或者其他教育机构侵犯其合法权益的行为或有关处理不服,可以向教育行政部门申诉,对政府部门侵权的行为可以向同级人民政府或上一级人民政府有关部门申诉。根据《人事争议处理规定》第3条的规定,公务员、事业单位工作人员、社团组织工作人员等因解除人事关系、履行聘用合同发生争议的,可以通过协商、调解、申请仲裁、提起诉讼等途径救济权益。综览《人民警察法》,这部法律的重点在于规定人民警察的职权、义务和责任,对于人民警察的权利救济则没有规定。四是《行政监察法》的规定。根据《行政监察法》第38条的规定,国家行政机关公务员和国家行政机关任命的其他人员对主管行政机关作出的处分决定不服的,可以向监察机关提出申诉,对复查决定不服,可以向上

---

〔1〕 参见蔡乐渭:《国家监察机关的监察对象》,载《环球法律评论》2017年第2期。

〔2〕 参见胡锦光:《论监察委员会"全覆盖"的限度》,载《中州学刊》2017年第9期。

〔3〕 详细规定参见《中华人民共和国法官法》第42~45条;《中华人民共和国检察官法》第47~50条。

一级监察机关申请复核。

(二)公职人员法律责任的立法及文件梳理

这里的法律责任,考虑到公职人员的特殊身份,仅对刑事责任和行政责任展开分析,民事责任暂且不论。就国家立法而言,刑事责任的主要规定表现如下:根据《刑法》第93条的规定,《刑法》中与公职人员有关的主体称为"国家工作人员",关涉的罪名主要见于《刑法》第八章贪污贿赂罪、第九章渎职罪。行政责任的规定较为分散,一般规定有:《行政机关公务员处分条例》、《法官法》(惩戒部分)、《检察官法》(惩戒部分)、《人民警察法》(法律责任部分)、《教师法》(法律责任部分)等。

根据《中共中央关于全面推进依法治国若干重大问题的决定》,党内法规制度建设有待加强,应注重党内法规同国家法律的衔接和协调。党的十八大以来,以习近平同志为核心的党中央坚持思想建党与制度治党相结合,出台或修订50多部党内法规,超过现行党内法规总数的三分之一,以党章为根本遵循的党内法规体系已经形成,党内法规分为党章、准则、条例、规则、规定、办法、细则等7类。涉及党员纪律处分的主要有以下规定:《中国共产党问责条例》《中国共产党纪律处分条例》《违规发放津贴补贴行为处分规定》《领导干部干预司法活动、插手具体案件处理的记录、通报和责任追究规定》《党政领导干部生态环境损害责任追究办法(试行)》《关于党的机关、人大机关、政协机关、各民主党派和工商联机关公务员参照执行〈行政机关公务员处分条例〉的通知》《公务员考试录用违纪违规行为处理办法》等。《中国共产党问责条例》针对各级党委(党组)、党的工作部门及其领导成员,各级纪委(纪检组)及其领导成员,重点是主要负责人。问责方式主要包括:通报、诫勉、组织调整或者组织处理、纪律处分等。而《中国共产党纪律处分条例》对党员违反政治纪律、组织纪律、廉洁纪律、工作纪律、群众纪律、生活纪律所应给予的处分进行了详细规定。

除国家立法和党内法规的规定之外,自2003年以来,国家机关以行政规范性文件的形式就公职人员责任方面作出了一系列规定。国务院印发的文件主要有:《全面推进依法行政实施纲要》(国发〔2004〕10 号)、《关于推行行政执法责任制的若干意见》(国办发〔2005〕37 号)、《关于加强市县政府依法行政的决定》(国发〔2008〕17 号)、《关于加强法治政府建设的意见》(国发〔2010〕33 号)、《法治政府建设实施纲要(2015~2020 年)》(中共中央、国务院印发);最高人民法院、最高人民检察院、公安部、教育部印发的文件主要有:《关于完善人民法院司法责任制的若干意见》(法发〔2015〕13 号)、《关于对检察机关办案部门和办案人员违法行使职权行为纠正、记录、通报及责任追究的规定》(2015 年 12 月 9 日最高人民检察院第十二届检察委员会第四十四次会议通过)、《公安机关人民警察执法过错责任追究规定》(公安部令第 138 号)、《中小学教师违反职业道德行为处理办法》(教师〔2014〕1 号)、《关于深化高校教师考核评价制度改革的指导意见》(教师〔2016〕7 号)等。

通过以上立法梳理可见,我国公职人员权利救济的途径可以分为两类:一是针对内部处分的申诉、复核;二是因解除人事关系及履行聘用合同产生的争议申请调解、仲裁以及提起民事诉讼等。相较于公职人员权利救济的单薄规定,关于公职人员法律责任的规定显得格外厚重,不仅数量多、层次复杂,而且表现形式多元,既有国家立法,也有党内法规,还有大量的规范性文件。上述现象的形成,客观地反映了我国公职人员立法重义务规范和管理体制建设、轻权利规范和救济保障的立法现实。虽然《公务员法》在立法目的中强调保障公务员的合法权益,但是,社会转型期各种矛盾纠纷的急剧增加,使党中央、国务院将工作的重心放在化解社会矛盾、维护社会稳定方面。当然,在对公职人员违纪违法责任严厉追究的同时,各级国家机关的公信力也得到了提升。然而,不得不指出,《中共中央关于全面推进依法治国若干重大问题的决定》将建设中国特色社会主义法治体系,建设社会主义法治国家作为全面推进依法治国的总目标,全民守法一方面指的是法律权威的维护,另一方面是指法律保障人民权益。对公职人员权利救济的不足,不仅不利于调动公职人员工作的积极性,也更容易出现懒政局面。因此,应当扭转重公职人员责任追究、轻权利救济的局面。

二、行政复议特别程序保护公职人员权利之优势分析

在我国,行政复议与行政诉讼两种制度的发展呈现出你追我赶的特点,追溯两部法律的历史变迁,其中一部法律的修订总会引发另一部法律的变化。值此《行政诉讼法》已经修订实施之际,《行政复议法》的修订也将提上立法日程。从现有研究成果来看,学界更多地关注行政复议一般程序的设计,对具体领域行政复议的特殊性关注较少。基于我国公职人员权利救济的历史传统、政治体制、现实需求等各方面的原因,在广泛借鉴域外经验的基础上,探讨公职人员行政复议特别程序,具有较强的现实意义。

(一)公职人员权利保护特别程序之普遍性

在英国,文官违反纪律会受到处分,而纪律处分的决定必须遵守自然公正原则,包括通知受处分的文官,允许文官向部长提出申诉为自己辩护,1972 年以后,不服提前退休和辞退的处分,可以向文官申诉委员会申诉,对于不公正的辞退可以向工业法庭申诉。此外,政府和文官在服务条件上可以通过惠特利委员会进行协商。该委员会的职责主要是:协商服务条件的一般原则,鼓励文官的进修培训,提出行政改革和文官制度立法的意见建议等。协商的目的在于谋求政府和文官之间的最大合作,以增进行政效率,促进文官福利。[1] 在美国,1978 年以后,文官管理中的争端由功绩制保护委员会裁决,委员会具有听证和裁决权,可以受理文官对于纪律处分或其他不利的行政决定的申诉,以及其他违反文官法律和法规的争端。功绩制保护委员会是一个独立的控制机构,不受总统的控制,由 3 名委员组成,委员由总统提名,参议院同意后任命。另外,功绩制保护委员会内设有特别律师办公室,负责调查和追诉行政机关违反文官法所禁止的行为,特别律师对于告发本机关有违法行为、滥用权力行为等情形的人有保护职

---

〔1〕 参见王名扬著:《英国行政法》,北京大学出版社 2007 年版,第 37～38 页。

责。[1] 在法国,为了防止行政机关的侵害,公务员具有行政上的和司法上的保护手段。行政上的保护主要体现为行政机关决定前咨询对等委员会的意见,以决定申请复议或向上一级行政监督机关申诉等。司法上的保护体现为公务员向行政法院提起越权之诉,请求撤销违法的行政决定。另外,法国公务员执行职务违反义务将受到纪律处分,纪律处分存在于一切有组织的团体中,纪律处分的程序要求体现公正原则;公务员对纪律处分不服的,可以向行政机关、公务员最高委员会申诉,也可以向行政法院提起撤销之诉和损害赔偿之诉。[2] 在德国,受特别权力关系理论的影响,曾经一度对公务员管理关系等不适用法律保留原则。"二战"后,随着德国立宪精神的改变,这一理论得以修正。《联邦德国基本法》第19条规定:"凡基本权利依本基本法规定得以法律限制者,该法律应具有一般性,且不得仅适用于特定事件,除此该法律并应具体列举其条文指出其所限制之基本权利。"《德国行政法院法》第40条规定:"一切未被联邦法律划归为属其他法院管辖的非宪法性质的公法上争议,对之均可提起行政诉讼。州法律范畴的公法争议,也可由州法律划归其他法院管辖。"上述规定对传统的特别权力关系理论带来冲击,在经历了"基础关系""管理关系"的分层对待阶段之后,"重要性理论"逐渐得到司法实践的认可。[3] 按照德国现行法律规定,公务员对惩戒决定的救济途径主要有复议、诉讼等。根据《公务员权利框架法》第126条之规定,公务员法上的复议可能出现给付或确认复议决定,在确认性复议的审查中,类推适用《德国行政法院法》第43条的规定。[4] 在日本,公务员法对包括身份、惩戒在内的不利处分的做出程序有体现公正的要求,如事由说明书的交付等;事

---

〔1〕 参见王名扬著:《美国行政法》(上),中国法制出版社2005年版,第204~210页。

〔2〕 参见王名扬著:《法国行政法》,北京大学出版社2007年版,第222~234页。

〔3〕 参见胡建淼:《"特别权力关系"理论与中国行政立法——以〈行政诉讼法〉、〈国家公务员法〉为例》,载《中国法学》2005年第5期。

〔4〕 参见[德]弗里德赫尔穆·胡芬著:《行政诉讼法》,莫光华译,法律出版社2003年版,第97页。

后救济的途径有申诉、诉讼等，申诉的受理机关包括人事院、人事委员会、公平委员会等，人事院进行不利处分审查的依据是《行政不服审查法》，其程序被作为准司法程序的定位。[1]

综上可见，作为两大法系的代表国家，对于公职人员的权利救济普遍设有专门性的程序，而且，这种程序具有较为明显的共同特点，即处分过程遵循自然公正原则，救济机构具有专门性、相对独立性，救济程序具有准司法性，司法救济具有最后保障性等。

(二)我国建立公职人员行政复议特别程序的可行性

在域外国家逐渐摒弃特别权力关系理论，加强对公职人员权利司法救济的背景下，我国对内部行政行为的限制复议和司法救济显然不合时宜。对于这一现状，有学者指出，"传统政治理念中的官本位思想、马克思主义国家学说中重集体的理念、苏联行政法学中的管理论思想"是影响我国内部行政行为复议和司法救济的主要因素。[2] 可以说，我国立法在二十多年的变迁中，始终坚持内部行政行为不可复议和诉讼，既有"特别权力关系理论"的遮蔽，也有根深蒂固的政治生态和管理理念的影响。正视我国人事管理一体化的特点，回应国家监察体制改革的客观需求，遵循争议解决专业化的发展趋势，为我国建立公职人员行政复议特别程序，提供了强有力的理论支撑和现实基础。

1. 我国人事管理一体化的特点使然

2006 年 1 月 1 日实施的《公务员法》是中华人民共和国成立以来第一部干部人事管理的综合性法律，相较于《国家公务员暂行条例》，公务员的范围有较大的变化。《公务员法》所指的公务员，"是指依法履行公职、纳入国家行政编制、由国家财政负担工资福利的工作人员"。这一规定体现了党管干部原则，有利于国家干部在不同国家机关之间的交流。学界对于将法官、检察官纳入《公

〔1〕 参见[日]盐野宏著：《行政法》，杨建顺译，法律出版社 1999 年版，第 282 页。

〔2〕 参见曾祥华：《我国公务员诉权受限的理论溯源》，载《理论与改革》2012 年第 6 期。

务员法》有不同的认识,甚至有学者认为这是逆司法改革之举。[1] 但是,应当指出的是,我国是中国共产党统一领导的社会主义国家,加强党对机关干部的领导是实现党的领导的重要组织保证。[2] 除了公务员之外,事业单位工作人员也在我国公职人员中占比较大的一部分。2014 年 7 月 1 日,《事业单位人事管理条例》的颁布实施表明,事业单位人事制度有其自身特点,不同于一般的劳动合同关系。事业单位作为政府举办的从事专业性公共服务的机构,其工作岗位实际是公共职位,其作为聘用主体,实际是由国家授权并运用公权力行使聘用权,事业单位工作人员实际是利用专业知识为公众服务的公职人员。[3] 根据《事业单位人事管理条例》第 37 条、第 38 条的规定,事业单位工作人员与所在单位发生人事争议的,依照《中华人民共和国劳动争议调解仲裁法》等有关规定处理。事业单位工作人员对涉及本人的考核结果、处分决定等不服的,可以按照国家有关规定申请复核、提出申诉。比较《公务员法》第 90 条、第 100 条关于公务员权利救济的规定,我国公职人员权利救济的路径具有共性,这也进一步体现了我国公职人员人事管理一体化的特征。

2. 国家监察全面覆盖公职人员的客观需求

根据《决定》的规定,监察委员会"履行监督、调查、处置职责,监督检查公职人员依法履职、秉公用权、廉洁从政以及道德操守情况,调查涉嫌贪污贿赂、滥用职权、玩忽职守、权力'寻租'、利益输送、徇私舞弊以及浪费国家资财等职务违法和职务犯罪行为并作出处置决定;对涉嫌职务犯罪的,移送检察机关依法提起公诉。为履行上述职权,监察委员会可以采取谈话、讯问、询问、查询、冻结、调取、查封、扣押、搜查、勘验检查、鉴定、留置等措施"。根据《中华人民共和国监

---

[1] 参见姬亚平:《质疑〈公务员法〉中的八大问题》,载《法学》2005 年第 7 期。

[2] 参见郝继明:《〈公务员法〉:国家公务员制度"三化"建设的奠基之石》,载《行政论坛》2006 年第 1 期。

[3] 参见李建忠:《〈事业单位人事管理条例〉重点热点问题解读》,载《中国党政干部论坛》2014 年第 10 期。

察法(草案)》第59条的规定,被调查人及其近亲属有权申诉,对申诉的处理决定不服,可以向上一级监察机关申请复查。但是,综观立法的规定,申诉是向原机关提出,而且申诉的范围有限,申诉的处理期限、处理决定和复查决定的救济均不明确。我国公职人员范围广泛,人数较多,涉及公职人员聘用合同、人事处理等方面的争议全部进入行政诉讼并不可行。在国家监察全面覆盖所有公职人员的监察体制改革背景下,检视我国现有的公职人员权利救济途径,备感救济制度供给不足。因此,建议我国逐步建立公职人员行政复议特别程序,设立较为独立的复议机构,确保行政复议决定的公正,加强对公职人员合法权益的保护。这也是域外国家的普遍做法,如美国的功绩制保护委员会、日本的人事院、法国的公务员最高委员会、英国的文官申诉委员会和惠特利委员会等。

3. 争议解决专业化的必然趋势

行政复议制度之所以在世界各国以不同的制度形式普遍存在并发挥重要作用,是因为该制度具备专业、高效、经济等行政诉讼制度无法比拟的优势。例如,英国的行政裁判所制度的快速发展就是因为社会立法的发展,政府执行社会立法中产生的争端需要理解立法政策、具备行政经验和熟知相关法律的专门人员解决。2007年英国颁布的《裁判所、法院与执行法》标志着行政裁判所司法化改革的顺利完成,明确了行政裁判所属于司法体系的组成部分之一,改革后的行政裁判所分为初审裁判所和上诉裁判所,上诉裁判所的上诉范围一般包括事实问题和法律问题,而普通法院上诉主要针对法律问题。与普通法院的法官相比较,行政裁判所具有专业性。《美国联邦行政程序法》实施早期,人们期待正式化行政程序解决争议。目前,非正式机制日益盛行,通过行政法官、听证官裁决行政争议的比例较高,这体现了社会快速发展背景下争议解决方式追求专业、简便、灵活的社会潮流。[1] 在日本,行政复议在遵循《行政不服审查法》之外,还在专门领域确立了专门的行政复议程序,如"行政审判制度""国税不服审查制度",

〔1〕 参见曹鎏:《五国行政复议制度的启示与借鉴》,载《行政法学研究》2017年第5期。

这两种制度借鉴了美国的行政委员会制度，体现了专门复议机构独立审查的司法化倾向，日本于2014年6月修改了《行政不服审查法》，引入了审理员制度和具有咨询性质的行政不服审查会制度，进一步增强了行政不服审查的公正性。[1] 韩国的行政复议立法经历了从《诉愿法》到《行政审判法》的变迁，诉愿制度也曾因受案范围狭窄、书面审理方式的局限、程序不完备等问题备受指责。随着《行政审判法》的颁布实施，以提高审判机构独立性为主要任务的《行政审判法》在这方面取得了较大成效，具体表现为行政审判委员会制度的确立。在实行任意前置主义原则的基础上，某些领域还适用必要前置主义，如对公务员的惩戒等其他不利益处分、国税处分、关税法上的处分等。[2]

三、公职人员行政复议特别程序的设计思路

长期以来，我国行政复议立法和实践都在关注行政复议一般程序的建设，此次《行政复议法》的修订，应当体现我国行政复议制度理论和实践日趋成熟的特点，将专门领域具有特定要求的行政复议程序纳入修法的视野。如缴纳税款决定不服的案件、商标争议、专利争议、行政规范性文件附带审查案件等行政专门知识要求较高的领域，内部行政行为领域，行政效率和政策考量优先的领域等。公职人员行政复议特别程序作为我国行政复议特别程序的组成部分，具体的设计应当考虑程序的内在要求，重视与其他救济程序的关联。

（一）公职人员行政复议特别程序的内在要求

1.复议机构独立、专业

根据上文的梳理，我国现行立法对公职人员权利救济的规定一般分为复核、

---

〔1〕 参见[日]本多滝夫著：《日本行政系统的转换和行政不服审查法的“现代化”》，江利红译，载《行政法学研究》2015年第3期，第3~18页。

〔2〕 《行政审判法》第31条规定：“委员会终结审理之后，应当对该审判请求，就议决裁决内容作出议决，并将该议决内容通告裁决机关。裁决机关应当毫不迟延地依照第1款规定的委员会的议决内容，做出裁决。”

申诉,复核是向作出处理决定的机关申请再次审查,而申诉的受理机关包括同级公务员主管部门、作出人事处理的机关的上一级机关和行政监察机关。构建公职人员行政复议特别程序,可以考虑将申诉受理机关改造为复议机构。根据《决定》的规定,在北京市、山西省、浙江省暂时调整或暂时停止适用《行政监察法》等法律的全部或部分规定。随着《国家监察法》的呼之欲出,《行政监察法》何去何从尚难定论。由于公职人员行政复议的处理决定由监察委员会作出,因此,公职人员行政复议特别程序中的复议机构不宜由行政监察机关来承担。笔者建议,将我国公务员局内的培训监督机构完善为复议机构,机构的设置可以借鉴当前各地试点的复议委员会模式。[1]

2. 复议范围明确

公职人员行政复议特别程序所要解决的争议,应当是公职人员与单位或人事处理机关之间的所有涉及其合法权益的争议。这种争议的类型主要包括《公务员法》第90条规定的人事处理,其他公职人员与单位之间的人事处理争议,监察委员会根据《决定》行使监督、调查、处置职权时作出的行政性处理决定等。

3. 废除复核前置

根据《公务员法》《法官法》《检察官法》等有关法律的规定,公职人员与所在单位之间因有关处理决定产生的争议,可以先申请复核再申诉,也可以直接申诉。受理复核申请的机关为作出决定的机关,虽然自己复核有自我纠错的便利,但是,这种概率相对较低。因此,建议取消复核规定。

(二)公职人员行政复议特别程序与其他救济程序的关联

1. 复议程序前置下的司法救济

域外国家行政复议与行政诉讼的程序衔接,多采用任意选择原则,复议前置

---

〔1〕 以国家公务员局为例,培训监督司内设三个处室,分别为培训一处、培训二处、申诉和监督处。

为特殊原则。长期以来,复议前置往往被认为是侧重于维护行政权和保护行政机关的程序,不利于及时保护当事人的合法权益,这也是复议前置颇受诟病的核心所在。然而,这种认识难免有失偏颇。综观域外国家和地区关于复议前置的规定,复议前置并非就是行政专断的代名词,如日本现有的复议前置充分体现了节约解纷资源、减轻当事人负担、缓解法院压力、确保案件质量等立法目的。《德国行政法院法》第68条规定的确认无效之诉和负义务之诉为复议前置,因确认无效之诉关乎行政行为合法性与合目的性的审查,从尊重行政机关实质性审查的角度出发,规定复议前置,体现了分权原则。负义务之诉规定复议前置,也反映出对行政权自主行使的认可和司法审查的谦抑。近年来,由于复议功能的萎缩和弱化,复议强制先行的主张开始兴起。[1] 在现有的行政复议体制下,规定强制复议前置似有不妥,不能简单地认为复议前置必然会带来行政复议功能的良好发挥,只有对行政复议程序进行公正改造后,将行政复议与行政诉讼置于公平的竞争环境下,通过当事人的自主选择,才能实现行政争议解决机制的良性运转。通过法律强行规定复议前置,反而不利于对行政复议制度的改造和完善,容易遮掩现实问题,无助于行政复议与行政诉讼的有效衔接。笔者认为,行政复议以其专业性强、效率高、成本低等优势为依托,必将与行政诉讼并行发展。而且随着社会分工日益精细化,争端解决机制也将更加类型化,在此背景下,行政复议前置的情形在某些专业性要求高的领域更具有优势。公职人员行政复议特别程序的创设是基于这类争议的专业性等特点,因此,从发挥行政复议过滤行政争议,彰显专业优势等方面考虑,应当实行复议前置。但是,这并不能减损公职人员司法救济的权利。司法最终审查原则是在西方法治思想和宪政思想的影响下产生的,其基本内容主要包括三个方面:一切因适用宪法和法律而引起的法律纠纷和相应的违宪违法行为由法院进行裁决;一切法律纠纷,至少在原则上通

〔1〕 参见周兰领:《行政复议强制前置模式的重建》,载《长安大学学报》2008年第4期。

过司法程序即诉讼程序解决;法院对于法律纠纷有最终的裁决权。[1]

2. 聘用合同争议仲裁前置的修正

根据《公务员法》第 100 条的规定,聘任制公务员与所在机关之间的合同争议,应当先申请人事争议仲裁委员会仲裁,对裁决不服的,可以向人民法院提起民事诉讼。《人事争议处理规定》第四章用 20 个条文规定了公职人员人事争议仲裁的程序,第 2 条列举了人事争议的范围。这是我国当前最全面规定公职人员人事争议处理的立法,虽然立法层级属于规章,但作为专门性立法,其适用范围具有普遍性。上述两个立法规定与《劳动法》第 79 条的规定具有相似性,应当说有借鉴劳动争议处理经验的考虑。但是,仲裁前置的做法,在一定程度上增加了当事人负担,不利于及时化解矛盾。应当看到,社会转型期的人事争议具有复杂性,市场经济带动频繁的人才流动,官本位观念的转变使公务员辞职呈现常态化,经济的发展使得公众更加注重个人价值的实现,这些变化都要求我国人事争议处理机制适时作出调整。因此,聘用合同争议的处理应当正视社会变化,回应公职人员的诉求,在争议处理程序方面尊重当事人的选择权,在调解、仲裁、复议、诉讼等途径的设置上体现便宜原则。[2]

3. 开启国家赔偿救济

公职人员对侵犯其合法权益的人事处理决定,能否请求国家赔偿?对此,可以通过两个路径来考察。其一,立法支撑。根据《国家赔偿法》第 2 条的规定,国家赔偿一般需具备以下条件:主体是国家机关及其工作人员,行为是行使职权的行为,范围是法定的损害情形。从《国家赔偿法》所列举的范围来看,公职人员请求对人事处理的赔偿不属于国家赔偿的范围。但是,《公务员法》《法官法》

[1] 参见宋炉安:《司法最终权——行政诉讼引发的思考》,载《行政法学研究》1999 年第 4 期。

[2] 参见秦国荣:《我国劳动争议解决的法律机制选择——对劳动仲裁前置程序的法律批判》,载《江海学刊》2010 年第 3 期。

《检察官法》都有对人事处理造成经济损失给予赔偿的规定。[1] 据此可见，公职人员有请求赔偿的权利，只是由于立法的模糊规定，以及相关法律之间的衔接不畅，使上述三部法律的规定无法落到实处。其二，理论依据。根据《国家赔偿法》第 2 条规定的条件，较大的障碍就是人事处理决定是否属于国家机关行使职权的行为。笔者查阅了面向 21 世纪课程教材《行政法与行政诉讼法》(第六版)，其中在具体行政行为的分类中就有外部行政行为与内部行政行为之分，而具体行政行为被界定为："具有行政权能的组织为实现行政规制而运用行政权，针对特定相对人设定、变更或消灭权利义务所作的单方行政行为。"[2] 该教材在行政相对人的分类中，将公务员界定为行政管理法律关系的行政相对人。综上所述，笔者认为，以国家监察体制改革为契机，建议通过法律解释的途径，对《国家赔偿法》中的赔偿范围、国家机关做出解释，将公职人员人事处理决定等行为纳入国家赔偿的范围；同时，也应当考虑将国家监察机关纳入《国家赔偿法》所指的国家机关范围。

四、结语

《中共中央关于全面推进依法治国若干重大问题的决定》指出，全面推进依法治国的总目标是建设中国特色社会主义法治体系，建设社会主义法治国家。坚持法律面前人人平等，是实现这个总目标的原则之一。公职人员具有多重身份，普通公民、公务员、教师、医生等，特殊的身份决定了公职人员肩负着高于普

---

[1] 《公务员法》第 103 条：机关因错误的具体人事处理对公务员造成名誉损害的，应当赔礼道歉、恢复名誉、消除影响；造成经济损失的，应当依法给予赔偿；《法官法》第 47 条：对法官处分错误的，应当及时予以纠正；造成名誉损害的，应当恢复名誉、消除影响、赔礼道歉；造成经济损失的，应当赔偿。对打击报复的直接责任人员，应当依法追究其责任。《检察官法》第 48 条：对检察官处分错误的，应当及时予以纠正；造成名誉损害的，应当恢复名誉、消除影响、赔礼道歉；造成经济损失的，应当赔偿。

[2] 姜明安主编：《行政法与行政诉讼法》，北京大学出版社、高等教育出版社 2015 年版，第 185、194 页。

通公民的责任,这种责任有道德层面的,也有法律层面的。综览我国与公职人员身份有关的立法,总体上表现出权利救济薄弱的特点。全面推进依法治国,一方面需要对公职人员的行为,特别是行使公权力的行为加强监督,通过制度之笼预防权力的滥用;另一方面也要求加强公职人员权利保障,特别是救济保障。近年来,针对普通公民或组织侵犯公职人员合法权益事件频发的现状,国家立法做出了有力的回应,如《刑法修正案(九)》对袭警、医闹等行为的规范等。在全面推进依法治国的今天,权利的保障不能失衡。公职人员与国家机关之间的关系应当是法律关系,公职人员对人事处理等决定不服,应当保障其获得有效的救济。行政复议特别程序的建设就是对既有的复核、申诉制度的升级和完善,在坚持司法救济最后保障的前提下,彰显行政复议特别程序化解专门领域行政争议的优势,理应纳入《行政复议法》修法的思考范围。

关于探索行政复议委员会制度若干问题的思考

陈 峰* 王 杏**

内容提要 行政复议委员会的设立与否是《行政复议法》修改讨论的主要问题之一。本文从理论和实践的角度论证了行政复议委员会设立的必要性，并总结实践经验，对行政复议委员会制度设计中的一些问题予以回应，以期为行政复议相关制度的修改提供一定的参考。

关键词 行政复议 行政复议委员会 功能定位

为进一步完善行政复议体制和工作机制，提高行政复议解决行政争议的质量和效率，国务院法制办公室于2008年发布了《关于在部分省、直辖市开展行政复议委员会试点工作的通知》（以下简称《通知》）。在2010年发布的《关于加强法治政府建设的意见》中，国务院再次提出“探索开展相对集中行政复议审理工作，进行行政复议委员会试点”。此后，各地纷纷设立行政复议委员会处理行政争议，取得了一定的成效，也引发了一些质疑和讨论。正确认识行政复议委员会的意义和功能有利于我国行政复议制度的完善。

---

* 陈峰，苏州市政府法制办综合处处长。

** 王杏，苏州市政府法制办科员。

一、行政复议的功能定位要求设立行政复议委员会

关于是否要设立行政复议委员会的讨论，实质是对行政复议机构独立性问题的研究，学者普遍认为，复议机构缺乏独立性是行政复议制度未能真正发挥其效用的重要原因之一。而复议机构的具体设置，是由行政复议的功能定位所决定的，制度设计最终都是为了满足相应的具体功能。所以，是否要设立行政复议委员会，首先要对行政复议的功能加以明确。

（一）从单一走向多元的行政复议功能之争

行政复议的功能之争，从《行政复议法》的制定之初就已经存在，当时学者普遍认为，行政复议的功能是单一的。但是，这一单一功能具体指什么，却难以统一，在理论上形成了内部监督说、权利救济说和解决纠纷说三种主要观点。内部监督说认为，行政复议制度是上级行政机关对下级行政机关的层级监督和纠错制度。[1] 从《行政复议法》的相关规定不难看出立法采纳的是这种观点。权利救济说强调通过行政复议制度保障行政相对人的合法权利和权益救济，解决纠纷说则注重行政复议制度化解行政纠纷的作用。[2] 然而，学者们很快发现，单一的功能定位并不能很好地解释行政复议制度的实践，因为内部监督、权利救济和纠纷解决的功能往往能同时达到。行政复议是由行政纠纷引起，而行政纠纷通过行政复议的方式得到解决，必然保障了行政相对人的合法权益，同时能有效监督下级行政机关的行政行为。学者逐渐认识到，对功能定位产生争议是由于观察的角度不同，行政复议的功能逐渐由单一走向多元。

（二）权利救济主导下的行政复议功能

学界对行政复议功能多元化形成共识后，有关三个功能之间的关系问题又

---

〔1〕 参见湛中乐：《论我国〈行政复议法〉修改的若干问题》，载《行政法学研究》2013 年第 1 期。

〔2〕 参见甘臧春、柳泽华：《行政复议主导功能辨析》，载《行政法学研究》2017 年第 5 期。

产生了新的分歧，主要是关于三者之间是否存在先后关系以及谁先谁后的问题。笔者认为，无论是从理论还是实践上来看，行政复议的功能之间都是存在主次之分的。正如上文所分析的那样，功能定位决定了具体的制度设计，虽然行政复议的三个功能是相互联系的，但侧重点各有不同，制度设计及其运行效果也就不同。现行行政复议制度运行情况不佳，与其注重内部监督功能导致复议机构缺乏独立性具有很大关系。多种功能并重，会导致在具体制度设计时无所适从。因此，确定行政复议的主导功能显得尤为重要。

关于行政复议主导功能的确定，又存在权利救济功能优先、内部监督功能优先和纠纷解决功能优先三种观点。例如，持纠纷解决功能优先观点的学者就认为“我国行政复议制度的功能定位应当是解决行政争议，监控行政权的行使和保护相对人的合法权益，是这一功能的副产品”。[1] 对此，笔者认为，纠纷解决是行政复议的内在追求和必然结果，无论是行政诉讼、行政复议还是信访制度，都是为了解决行政纠纷。但是，纠纷解决的功能定位对具体的制度设计并没有偏向性的影响，而且“在追求纠纷解决的过程中，人们仍然需要判断应当以什么作为出发点来对行政复议进行制度设计”。[2] 行政复议制度中的“司法化”与“去司法化”之争，其实就是行政复议效率和程序公正的选择，是内部监督和权力救济何者为主导功能的选择。从行政复议的准司法性质[3]来看，笔者认为，将权力救济确定为行政复议的主导功能更为恰当，既能充分发挥行政复议高效、便捷、灵活的优势，又能满足行政相对人对公正的需要，而且无论是纠纷解决还是内部监督，最终的价值追求都是保护行政相对人的合法权利。

将权利救济确定为行政复议的主导功能，要求我们设立相对独立的行政复议机构，行政复议委员会能够满足这一需求。一方面，行政复议委员会是行政系

---

〔1〕　刘莘：《行政复议的定位之争》，载《法学论坛》2011年第5期。

〔2〕　甘臧春、柳泽华：《行政复议主导功能辨析》，载《行政法学研究》2017年第5期。

〔3〕　参见应松年：《把行政复议制度建设成为我国解决行政争议的主渠道》，载《法学论坛》2011年第5期。

统的内部机构,与司法机构相比,其人员行政管理经验更为丰富,处理行政纠纷更加专业、高效。另一方面,行政复议委员会与产生具体行政纠纷的行政机关相对独立,能最大限度保障行政相对人的合法权利。

二、行政复议的实践需要设立行政复议委员会

(一)行政复议的实践困境

行政复议作为行政机关处理和解决行政争议的法律制度,应当成为解决行政争议的主渠道。但是,实践中却出现了行政争议解决“大信访、中诉讼、小复议”的局面,行政复议未能充分发挥其制度优势。总体而言,行政复议的实践存在以下问题:复议案件过少,未能有效减轻法院负担;复议决定维持率高,公正性受到质疑;复议效率低下,救济效果滞后。[1]

究其原因,主要有以下两个方面:第一,复议机构缺乏独立性和专业性。根据现行《行政复议法》的规定,各级人民政府及其职能部门都是行政复议的受理机关。一方面,复议机关与行政行为作出机关是上下级关系,内部层级监督公正性容易受到公众质疑。事实上,由于下级行政机关在业务上接受上级行政机关的领导和监督,甚至有些行政行为的作出接受了上级机关的指导,行政复议的公正性确实难以保障。另一方面,行政复议机构较为分散,有些地区尤其是基层行政复议机构的人员配置不足,缺乏进行复议的专业能力,难以有效保障行政相对人的权利。第二,过于重视效率,缺乏程序保障。行政复议程序制度的缺失饱受主张行政复议“司法化”学者的诟病。行政复议作为上级行政机关对下级行政机关的监督方式,灵活高效是其天然的优势。但为了追求这一优势而过于牺牲程序性制度,则有些得不偿失。现行的行政程序主要是按照行政命令的模式设计,确立书面审理的原则,缺乏双方质证、抗辩等程序公正的规定,无法从程序上对行政相对人的合法权利进行保障。

---

〔1〕 参见刘莘:《行政复议的定位之争》,载《法学论坛》2011年第5期。

(二)行政复议委员会的试点成效

面对行政复议实践中的困境,2006年哈尔滨市和北京市先后探索建立行政复议委员会制度,对完善行政复议制度进行有益尝试。2008年国务院法制办正式启动行政复议委员会试点工作,并在北京、黑龙江、江苏等8个省、直辖市开展试点。随后,部分未纳入试点的省市也自行开展试点,行政复议委员会在全国范围内逐渐推广开来,并取得了一定的成效。各试点地区的行政复议量上升,信访量下降;行政复议受理案件数量超过行政诉讼,初步发挥了行政纠纷过滤器的作用。[1] 设立行政复议委员会这一相对独立的行政复议机构,既能有效保障行政复议的公正性,又能通过专业化的人员配置促进行政纠纷的有效解决。但是,由于试点是从实践层面探索推进行政复议制度的完善,缺乏统一的规定,行政复议委员会的模式、制度设计也不尽相同,因而理论界需要进行梳理总结,为实践提供有益借鉴。

三、行政复议委员会的实践问题及解决

虽然设立行政复议委员会是完善行政复议制度的重要举措,但各地的探索和创新也为行政复议委员会的实践带来了一些问题。

(一)行政复议委员会模式选择

就目前行政复议委员会的实践来看,主要有两种模式:一种是以北京为代表的咨询型行政复议委员会,主要审理重大疑难的行政复议案件,对行政复议工作和发展中的重大问题进行研究。[2] 另一种是以哈尔滨为代表的案件决议型行政复议委员会,直接审议行政复议案件。[3] 笔者认为,在行政机关首长负责制

---

[1] 参见哈尔滨市人民政府法制信息网,http://www.hrblaw.gov.cn/fb/5/101/2010/04/i13045.shtml,2017年10月21日访问。

[2] 参见人民网法治频道,http://legal.people.com.cn/n/2015/0311/c188502-26672127.html,2017年10月19日访问。

[3] 参见王青斌:《论我国行政复议委员会制度之完善》,载《行政法学研究》2013年第2期。

的背景下,行政复议委员会作为咨询机构更为合适,即复议委员会提出复议建议,最终的决定仍然由复议机关作出。但同时,行政复议委员会的适用范围应当扩大,不能局限于“重大疑难的行政复议案件”,行政复议委员会应当成为行政复议的常态化审理机构。

另外,以上两种模式为了保证复议委员会作出决定的中立性和专业性,都吸收了专家、学者等专业人士成为委员会成员。有学者就此提出复议委员会的制度无法向基层推广的问题,因为基层的人才储备是有限的。[1] 对此,笔者认为,应该将复议委员会制度和合理集中行政复议管辖权相结合。2008 年国务院法制办的《通知》指出,要“在行政复议委员会试点过程中探索并逐步推行相对集中行政复议审理权”。各级政府职能部门作为行政复议受理机关,一方面造成复议机关的专业性不够,难以有效处理行政纠纷;另一方面又有可能造成行政资源的浪费。根据相关统计情况,市、县两级政府部门很少办理行政案件,甚至有的县一年受理的行政复议案件只有三四件甚至更少。因此,取消市、县政府部门行政复议的职责,将其统一交给政府行政复议机构管理,对行政复议的实践影响不大,还能提高复议效率。[2] 哈尔滨市就相对集中行政复议权进行了有益探索,经市政府部门的申请,可以将原本由本部门管辖的行政复议案件交由市行政复议委员会决定。[3] 相对集中复议管辖权,再建立行政复议委员会,既符合实际,又能充分发挥相对独立复议机构公正解决行政争议的作用。

(二)行政复议委员会的独立性保证

笔者认为,应当从机构和人事两个方面着手来保证复议委员会的独立性。

---

〔1〕 参见王瑞雪:《对我国行政复议委员会试点的省思》,载《天津行政学院学报》2014 年第 4 期。

〔2〕 参见杨海坤、朱恒顺:《行政复议的理念调整与制度完善——事关我国〈行政复议法〉及相关法律的重要修改》,载《法学评论》(双月刊)2014 年第 4 期。

〔3〕 参见河南省政府法制网,http://www.hnfzw.gov.cn/sitegroup/root/html/402881e4488d8de50148a74e228e33be/db0f29e79cd64c4b9fca06e662b7c9cd.html,2017 年 10 月 18 日访问。

承认行政复议委员会作为独立机构的地位，其属于行政机关的内设机构，但不属于任何一个职能部门，其独立行使行政复议审理权。复议委员会的成员主要由行政机关工作人员和各行业专家两部分人员组成。为充分保证复议委员会的成员能够独立公正处理行政复议事项，建议仿照美国的行政法法官制度，来自行政机关的复议委员会成员由一级政府的人事部门单独进行人事管理，使其"服务于某行政机关，但不从属于该行政机关"。[1] 对于行业专家的选择，建议建立专家库，细分专家的专业领域，针对具体的行政复议事项从专家库中抽取人选组成复议委员会。另外，为了提高复议委员会解决行政纠纷能力，要严格复议委员会成员的资格管理，以思想素质、专业能力、法律素养等角度设立标准对其进行考核。对于考核合格的行政复议委员会成员，也要通过业务培训的方式不断提高其业务能力和水平。[2]

（三）行政复议委员会决定的效力问题

有学者就曾提出，行政复议委员会与行政机关首长负责制的问责机制是相冲突的。[3] 如果复议委员会的决定对行政复议机关没有拘束力，那么复议委员会则会流于形式，成为行政复议机关论证复议决定正当性的工具；如果具有绝对的拘束力，那么由行政机关及其负责人承担复议决定的后果似乎也有些不大合适。尤其是在《行政诉讼法》修改之后，行政复议机关共同被告制度的确立，虽然是为了解决之前行政复议维持率居高不下的问题，但同时也给行政复议机关带来了极大的应诉压力。在这种情况下，如果不给予行政复议机关作出复议决定的权力却由其来承担诉讼风险，复议委员会制度将会难以推行。因此，笔者认为，复议委员会作出的复议决定对行政复议机关并不具有绝对的拘束力，最终的

---

〔1〕 应松年：《把行政复议制度建设成为我国解决行政争议的主渠道》，载《法学论坛》2011 年第 5 期。

〔2〕 参见郭越：《关于修改我国行政复议法的思考》，载《东疆学刊》2016 年第 1 期。

〔3〕 参见杨海坤、朱恒顺：《行政复议的理念调整与制度完善——事关我国〈行政复议法〉及相关法律的重要修改》，载《法学评论》（双月刊）2014 年第 4 期。

复议决定仍然由复议机关作出。

但是,为了切实保障行政相对人的合法权益,防止复议机关因不相关因素的考量作出不利于当事人的复议决定,复议机关对于复议委员会的复议决定应当充分尊重和考虑。因此,笔者建议,确立说明理由制度,要求制定说理式行政复议决定书。《德国行政法院法》第73条第3款就规定:“复议决定中必须说明理由,附具权利救济手段的告知,决定必须送达。”〔1〕江苏省苏州市从2014年开始,在全市范围内推行说理式行政复议决定书,要求从讲清“法理、事理、情理、文理”四个角度完善行政复议决定书的制作。〔2〕对于复议机关与行政复议委员会决定一致的行政复议事项,由复议委员会提供复议决定书。复议机关作出与复议委员会不一致的行政复议决定时,由复议机关就决定理由进行充分说明,并形成书面存档。

(四)行政复议委员会的程序设置

行政复议制度正当程序缺失导致行政复议对行政相对人权益保障的力度较弱。有不少学者主张推动行政复议的司法化,在制度设计方面仿照行政诉讼。对此,笔者持反对态度。一方面,虽然行政复议具有准司法性,但从本质上讲,行政复议是行政权的行使,是行政复议机关作出的具体行政行为。与其他行政行为不同的是,其他行政行为是发生在双方当事人之间,而行政复议机关居中裁判,是三方行为。也正因为复议机关居中裁决且行政复议需依当事人的申请启动,行政复议才具有了司法性质。如果过于强调行政复议的司法性,推动其司法化,则会使行政复议丧失行政权的特性,损害行政复议制度“方便快捷、程序灵

〔1〕 李红雷编:《德国的行政复议制度》,载周汉华主编:《行政复议司法化:理论、实践与改革》,北京大学出版社2005年版,第447页;转引自王莉:《行政复议的比较优势及其发挥》,载《社会科学战线》2016年第3期。

〔2〕 参见苏州市人民政府法制办公室官网,http://www.szfzb.gov.cn/050/050001/20150403/eefbd49a-a2ed-4306-b017-f7d4a29f2c1a.html,2017年10月21日访问。

活”的优势。[1] 另一方面,过于强调行政复议的司法化,会使其丧失制度价值。行政复议作为与行政诉讼并行的行政纠纷解决制度,其独特的制度价值在于能够通过行政机关的内部监督更快地解决行政纠纷,减轻法院的压力。行政复议不仅审查行政行为的合法性问题,还能通过体制内层级监督的天然优势对行政行为的合理性进行审查。从这个层面上说,行政复议对行政相对人的权利保障更为全面。美国就很注重发挥行政复议和行政诉讼在行政和司法两方面解决行政争议的功效,司法审查确立了“穷尽行政救济原则”,并侧重法律审查。[2] 过于强调行政复议的司法化,行政复议与行政诉讼同质化,既忽视了行政复议独特的制度价值,也会造成行政资源和司法资源的浪费。

笔者认为,在行政复议委员会的程序设置上,既要充分保留其作为一个行政机构的特性,又要吸收部分司法程序规定,使复议申请人能够感受到程序公正。首先,建立以听证为代表的公开审理制度。《行政复议法》规定了书面审理的原则,确实能够保证行政纠纷解决的效率。但是,“书面审原则的贯彻又使复议工作人员对事实问题的查明更多依赖于被申请人提交的证据材料”,[3] 在我国行政决定程序不完善、证据收集和认定方面存在问题的情况下确定书面审理原则,不利于查明案件事实,会损害案件审理公正性。其次,确立行政复议委员会委员回避制度。任何人不得做自己的法官,这是行政程序公正原则最基本的要求。为保证行政复议委员会的中立性,委员会成员发现复议案件与本人或所在单位有利害关系时,应当主动申请回避;复议申请人因同样原因申请委员会成员回避的,应当同意。最后,强化行政复议决定说明理由。说明理由能够使行政相对人

---

〔1〕 参见杨海坤、朱恒顺:《行政复议的理念调整与制度完善——事关我国〈行政复议法〉及相关法律的重要修改》,载《法学评论》(双月刊)2014 年第 4 期。

〔2〕 参见杨红:《行政复议与行政诉讼衔接关系的理论基础》,载《甘肃政府学院学报》2016 年第 5 期。

〔3〕 王万华:《重构公正行政复议程序制度 保障行政复议公正解决行政争议》,载《行政法学研究》2012 年第 2 期。

充分理解行政行为及复议决定作出的原因,有利于行政纠纷的解决;同时说明理由也是对复议机关复议决定的有效监督。

四、结语

行政复议委员会在行政复议的实践中不断探索发展,在保证复议机构独立性的前提下有效提高了复议决定的公信力,对完善行政复议制度,将行政复议建立成为解决行政争议的主要渠道具有重要意义。但是,由于设立行政复议委员会依据的文件效力层级较低、缺乏统一的制度规定,行政复议委员会的实践仍存在一些问题。对此,应当通过《行政复议法》将行政复议委员会制度确立下来,进行统一的制度规定,促进行政复议委员会制度的完善,更好地发挥行政复议的制度优势。

行政复议第三人相关问题探析
——以《行政复议法》和《行政诉讼法》的衔接为视角

崔晓萌* 袁家琳**

内容提要 2014年11月1日，第十二届全国人民代表大会常务委员会第十一次会议审议通过了《关于修改〈中华人民共和国行政诉讼法〉的决定》。修改后的《中华人民共和国行政诉讼法》（以下简称《行政诉讼法》）增加了33条，其中确定的“双被告”[1]制度具有里程碑的意义，有助于提升复议机关的责任意识和对下监督功能，解决复议机关在一定程度上不作为的问题，从而改变实践中普遍存在的复议机关“维持会”现象。但由于《中华人民共和国行政复议法》（以下简称《行政复议法》）、《中华人民共和国行政复议法实施条例》（以下简称《行政复议法实施条例》）与《行政诉讼法》的规定相脱节，司法实践中出现了一些争议和困惑亟待解决，其中与行政复议第三人相关的问题尤为严重，有些问题甚至

---

* 崔晓萌，无锡市中级人民法院行政庭助理审判员。

** 袁家琳，无锡市梁溪区人民法院行政庭助理审判员。

[1] 对于经过行政复议的行政行为被诉，被告如何的确定问题，修改前的《行政诉讼法》第25条规定：“经复议的案件，复议机关决定维持原具体行政行为的，作出原具体行政行为的行政机关是被告；复议机关改变原具体行政行为的，复议机关是被告。”修改后的《行政诉讼法》第26条第2款规定：“经复议的案件，复议机关决定维持原行政行为的，作出原行政行为的行政机关和复议机关是共同被告；复议机关改变原行政行为的，复议机关是被告。”该条文规定确立了作出原行政行为的行政机关和复议机关为共同被告制度。“双被告”制度是《行政诉讼法》修改的重大变动之一，亦是《行政诉讼法》修改的一大亮点。

形成了行政诉讼的障碍。本文将在分析行政复议与行政诉讼的衔接过程中存在的第三人问题基础上,对如何完善行政复议第三人制度进行思考并提出建议,以期对《行政复议法》的修订和行政复议制度的完善有所裨益。

关键词　第三人　复议　诉讼　衔接

一、现实之惑:基于司法实践的困局

(一)聚焦:基于三个案例的实证考察

【案例一】原告张某诉被告市人社局、第三人甲公司工伤认定行政确认案

案情介绍:2010 年某天,张某在甲公司工地工作时受伤,后其向市人社局提交申请材料,要求认定为工伤。市人社局通知甲公司举证后,经调查审核作出工伤认定决定书,认定张某所受部分伤害为工伤,并分别向甲公司和张某送达工伤认定决定书。张某不服,向省人社厅提出行政复议申请。省人社厅经审查后作出行政复议决定书,维持市人社局作出的工伤认定决定。张某仍不服,于 2011 年 2 月向法院提起行政诉讼,请求法院将工伤认定决定书中未认定部分伤害认定为工伤。期间,甲公司因不服市人社局作出的工伤认定决定,选择向该市人民政府提出行政复议申请。该市人民政府受理后,因省人社厅正在对张某就同一行政行为不服提出的行政复议申请进行审理中,遂作出行政复议中止通知书。后经法院协调,甲公司向市人民政府撤回行政复议申请。市人民政府作出行政复议终止决定书后,甲公司作为第三人参与行政诉讼。

【案例二】原告刘某诉被告区市场监管局、第三人中介公司分公司市场监督管理行为及被告区政府行政复议案

案情介绍:刘某因购买二手房在办理房产过户等过程中与中介公司发生纠纷,遂向区市场监管局提交举报信,称中介公司有诈骗消费者等违法行为,要求予以严惩等,并提交了房屋买卖合同等相关材料。区市场监管局对刘某的举报予以登记并进行核查。经过立案、调查、告知等程序后,对中介公司分公司作出行政处罚决定。后区市场监管局作出行政处理告知书并向刘某送达,告知了刘某对其举报事项的处理结果。因对行政处理告知书不服,刘某向区政府申请行政复议。区政府受理后,在复议过程中分别通知中介公司及其分公司作为第三人参加行政复议。区政府经调查、审查后,作出行政复议决定书,维持区市场监管局作出行政处理告知书。该行政复议决定书上所列当事人分别为申请人刘某、被申请人区市场监管局、第三人中介公司分公司。刘某收到行政复议决定书后仍不服,于2017年3月提起行政诉讼。

【案例三】原告乙公司诉被告市人社局、第三人王某工伤认定行政确认及被告市人民政府行政复议案

案情介绍:乙公司承建某工程后将工程转包给了自然人丁某,丁某招用了王某并对其分配工作、发放工资等。后王某在工地工作时受伤,并向市人社局申请工伤认定。市人社局经调查、审核,作出工伤认定决定书,认定王某受到的事故伤害为工伤。乙公司不服该工伤认定决定,向市人民政府申请行政复议。市人民政府受理后,未通知王某参加复议程序。后市政府经书面审查,作出行政复议决定书,维持了市人社局作出的工伤认定决定。乙公司不服,以市人社局为被告、王某为第三人,于2015年9月诉至法院,要求撤销市人社局作出的工伤认定决定。经法院告知释明后,乙公司表示不同意追加市人民政府为被告。后法院依职权将市人民政府列为共同被告。但对于行政复议行为,乙公司始终未作表态,亦未提出要求撤销市人民政府行政复议决定的诉讼请求。

(二)检视:基于前述案例的问题反思

前述三个案例,均是笔者在审判实践中所遇到的真实案例。案例一发生在《行政诉讼法》修改之前,困惑之处在于提起行政诉讼之前存在两个行政复议,一个已经作出行政复议决定,一个尚在行政复议审查过程中。针对同一个行政行为,为何会存在两个行政复议?行政复议与行政诉讼如何衔接?案例二和案例三发生在《行政诉讼法》修改之后。从案例二中复议机关即区政府提交的用以证明复议程序合法的证据材料来看,在复议过程中,复议机关分别通知了中介公司及其分公司以第三人身份参加复议程序,但最后行政复议决定书中所列的当事人中仅有分公司作为第三人，并没有中介公司，第三人中介公司缘何凭空蒸发？案例三中，王某未参与行政复议，也不是行政复议的当事人，在行政诉讼程序中，应如何对行政复议行为的合法性进行表态？

二、理性探讨：当前困境的成因

（一）基于司法实践的分析

受时间和条件所限，对于行政复议过程中，利害关系人申请作为第三人参加复议或复议机关通知其作为第三人参加复议的案件类型和数量，笔者尚无法作出一个明确的归类统计。但从行政复议的实践来看，行政复议第三人主要有以下几种形式：[1]

1. 行政机关就同一违法事实处罚了两个以上共同违法的人，其中一部分被处罚人不服申请行政复议，另一部分未申请行政复议，未申请行政复议的被处罚人可以作为行政复议第三人参加行政复议。

2. 行政机关对违法行为人科以行政处罚后，被处罚人未申请行政复议，被侵害人申请行政复议，被处罚人可以作为第三人参加行政复议。

3. 行政机关对违法行为人科以行政处罚后，被处罚人申请行政复议，如果存在明确的被侵害人的，被侵害人可以作为行政复议第三人参加行政复议。如果被侵害人明确表示不参加行政复议的，可以不作为行政复议第三人。

4. 一方当事人对行政机关依职权作出的平等主体之间有关权属纠纷的裁决或补偿争议裁决不服而申请行政复议的，另一方当事人可以作为行政复议第三人参加行政复议。

5. 行政机关作出某种具体行政行为（如发放许可证、批准建房用地等），具体行政行为直接指向的人未申请行政复议，其权益人受到具体行政行为不利的影响，如相邻关系人、财产或者土地的使用人等申请行政复议。具体行政行为直

---

〔1〕 参见蔡小雪著：《行政复议与行政诉讼的衔接》，中国法制出版社2003年版，第28～29页。

接指向的人可以作为行政复议第三人参加行政复议。

6. 同申请人受到行政处罚的行为有批准关系的另一行政机关可以作为行政复议第三人参加行政复议。

7. 两个以上行政机关共同作出一个具体行政行为,行政相对人不服,仅将其中一个行政机关列为被申请人,拒绝将其他行政机关列为被申请人,被拒绝的其他行政机关与被申请的具体行政行为之间具有法律上的利害关系,故应当将他们列为行政复议的第三人通知其参加行政复议活动。

8. 行政机关与非行政机关共同署名作出处理决定,非行政机关可以作为行政复议第三人参加行政复议。

就行政诉讼层面来说,以J省W市某基层法院为例,自2015年5月1日修改后的《行政诉讼法》施行之日起至2017年9月30日,共计受理行政诉讼案件559件,其中受理复议机关为被告案件266件,占受理数的47.58%,包括共同被告259件,单独被告7件。受理复议机关为被告案件数中,涉及第三人的案件数为148件,占复议机关为被告案件数的55.64%,占总受理数的26.48%,而复议机关作出的行政复议决定书中,出现第三人的不超过5件。由此可见,行政诉讼案件中经复议且涉及第三人的案件数量占受理总数的四分之一以上,但这些案件中,除个别工伤认定案件、市场监管案件、公安治安案件外,几乎在复议程序中没有第三人。而这些类型的复议之所以会出现第三人,主要在于:工伤认定是社会保障行政机关对用人单位或受伤职工提起的工伤认定申请作出的行政确认行为,涉及用人单位和受伤职工双方;治安案件中存在被处罚的行政相对人和受害人;市场监管案件中,职业打假人向市场监督管理行政机关投诉举报商家存在违法行为要求查处,涉及投诉举报人和被查处商家。

（二）基于法律规定的分析

如前文所述,经复议后进入诉讼程序的案件,几乎在复议程序中都没有第三人。由此带来的是,对同一个行政行为,就可能存在两个行政复议,如案例一的情形,进而导致行政复议与行政诉讼的衔接出现障碍,使法院陷入两难境地。而之所以会出现上述现象,与法律规定的现状不无关系。

1.《行政复议法》赋予了申请人选择行政复议机关的权利

《行政复议法》第12条规定,对县级以上地方各级人民政府工作部门的具体行政行为不服的,由申请人选择,可以向该部门的本级人民政府申请行政复议,也可以向上一级主管部门申请行政复议。正是由于法律赋予了申请人选择权,由此产生了类似案例一中最初的不确定因素。张某和甲公司均与市人社局作出的工伤认定决定存在利害关系,而两者又分别选择了不同的行政复议机关提出复议申请。

2.《行政复议法》及实施条例与《行政诉讼法》及司法解释的规定存在脱节

《行政复议法》第10条第3款规定,同申请行政复议的具体行政行为有利害关系的其他公民、法人或者其他组织,可以作为第三人参加行政复议。《行政复议法实施条例》第9条规定,行政复议期间,行政复议机构认为申请人以外的公民、法人或者其他组织与被审查的具体行政行为有利害关系的,可以通知其作为第三人参加行政复议。行政复议期间,申请人以外的公民、法人或者其他组织与被审查的具体行政行为有利害关系的,可以向行政复议机构申请作为第三人参加行政复议。第三人不参加行政复议,不影响行政复议案件的审理。

有学者认为,《行政复议法》第10条中对第三人参加行政复议用了"可以"一词,《行政复议法实施条例》第9条对行政复议机构通知第三人参加行政复议也用了"可以"一词。"可以"一词在法律规范上的使用有其特定的含义。按照法律规范的调整方式和设定的行政模式不同,可以把法律规范区分为授权性法律规范、义务性法律规范和禁止性法律规范。很明显,无论是《行政复议法》还是《行政复议法实施条例》,对行岐复议机关通知第三人参加行政复议规定的都是授权性法律规范。在行政复议期间,行政复议机关认为申请人以外的公民、法人或者其他组织与被审查的具体行政行为有利害关系的,"可以"通知其参加行政复议而不是"应当"通知或者"必须"通知其参加行政复议。将行政机关未通知第三人参加复议认定为行政机关违反法定程序的观点,是将《行政复议法》和

《行政复议法实施条例》对行政复议机关通知第三人参加行政复议的授权性规范错当做义务性规范来理解，明显背离了立法意图。[1] 该观点亦是阐述了对《行政复议法》和《行政复议法实施条例》规定的理解。案例一中的省人社厅，正是基于该观点，认为是“可以”而不是“应当”，故未通知甲公司作为第三人参加行政复议，进而导致省人社厅和市人民政府分别先后受理行政复议申请的情形出现。如果说，后一个行政复议机关即市人民政府存在在受理前没有发现前一个行政复议机关已受理的可能性，那么事实上，其在受理后已经发现了省人社厅已受理张某的行政复议申请，且中止了行政复议。在明知对于同一个行政行为，不同的申请人启动了两个行政复议程序的情况下，两个行政复议机关并没有相互沟通，考虑衔接问题，而是根据《行政复议法》的规定各自操作。虽然从实践来看，后受理复议申请的市人民政府不太可能会作出与省人社厅结论相反的行政复议决定，但从理论上来看，有可能出现复议结论不一致的情况。从而，两个行政复议行为将导致行政复议与行政诉讼的衔接出现障碍，法院陷入立或不立案的两难境地。虽然该案中，最终通过法院与市人民政府的协调，甲公司表示理解后同意先行撤回行政复议申请，以第三人身份加入到诉讼中后阐述自己的意见，使行政诉讼程序能够顺利启动，但是，从另一个方面来说，是甲公司牺牲了其提起行政复议的权利换取了行政复议与行政诉讼的衔接。

反观行政诉讼方面，最高人民法院《关于执行〈中华人民共和国行政诉讼法〉若干问题的解释》（以下简称《执行解释》）第 24 条规定，行政机关的同一具体行政行为涉及两个以上利害关系人，其中一部分利害关系人对具体行政行为不服提起行政诉讼，人民法院应当通知没有起诉的其他利害关系人作为第三人参加诉讼。第三人有权提出与本案有关的诉讼主张，对人民法院的一审判决不服的，有权提起上诉。根据该规定，第三人未申请参加诉讼的，法院有通知其参

---

〔1〕 参见王小红、杨溪：《对通知第三人参加卫生行政复议的思考》，载《中国卫生法制》2010 年第 3 期，第 9 页。

加诉讼的职责。也就是说,法院应当通知与具体行政行为有利害关系的公民、法人或者其他组织参加诉讼。修改后的《行政诉讼法》第 29 条规定,公民、法人或者其他组织同被诉行政行为有利害关系但没有提起诉讼,或者同案件处理结果有利害关系的,可以作为第三人申请参加诉讼,或者由人民法院通知参加诉讼。人民法院判决第三人承担义务或者减损第三人权益的,第三人有权依法提起上诉。和以往规定相比,修改后的《行政诉讼法》的规定有松有紧,“松”主要表现在扩大了第三人的范围,即行政诉讼第三人不局限于与被诉行政行为有利害关系,对于那些同案件处理结果有利害关系的人,也可以作为第三人参加诉讼。“紧”主要表现在改变了以往所有第三人均可以上诉的局面,而是具体规定只有判决承担义务的第三人才能够提起上诉。[1] 对照《行政复议法》《行政复议法实施条例》中对于行政复议第三人的规定,不难发现,两者规定有所不同,存在脱节。

3.《行政诉讼法》要求法院对行政复议行为一并进行审查

《行政诉讼法》第 26 条第 2 款规定,经复议的案件,复议机关决定维持原行政行为的,作出原行政行为的行政机关和复议机关是共同被告;复议机关改变原行政行为的,复议机关是被告。最高人民法院《关于适用〈中华人民共和国行政诉讼法〉若干问题的解释》第 7 条进一步规定,复议机关决定维持原行政行为的,作出原行政行为的行政机关和复议机关是共同被告。原告只起诉作出原行政行为的行政机关或者复议机关的,人民法院应当告知原告追加被告。原告不同意追加的,人民法院应当将另一机关列为共同被告。根据前述规定,如案例三中所示,即便乙公司作为原告,不同意追加复议机关,不对复议决定提出请求,法院亦应当将复议机关列为被告,且需对原行政行为和复议行为一并进行审查并作出评价。该案中,王某并非是行政复议的一方当事人,但其是行政诉讼的一方

---

〔1〕 参见江必新主编、最高人民法院行政审判庭编著:《中华人民共和国行政诉讼法及司法解释条文理解与适用》,人民法院出版社 2015 年版,第 177 页。

当事人。理论上,其应当在诉讼中对被诉行政行为的合法性阐明主张和陈述意见。要求未参与行政复议的一方对行政复议行为的合法性进行表态既是强人所难,又会陷入矛盾的怪圈。

三、破解之道:完善行政复议第三人制度的可行路径

现行《行政复议法》于1999年4月29日经第九届全国人民代表大会常务委员会第九次会议通过后,仅于2009年进行了修正,其滞后性日趋明显。2015年修改后的《行政诉讼法》在行政诉讼制度设计上也对行政复议制度的整体运转提出了更深层的要求。相应地,及时跟进修改《行政复议法》(2017年9月,第十二届全国人民代表大会常务委员会第二十九次会议仅对《行政复议法》第3条进行了修改——笔者注),无疑是完善行政复议制度,尤其是第三人制度的有效途径。

(一)明确规定行政复议机关应当通知利害关系人作为第三人参加复议

关于行政复议机关是否应当通知利害关系人作为第三人参加复议,目前理论界与实务界存在争议。一种观点认为,《行政复议法》和《行政复议法实施条例》中均未明确规定是"应当",行政复议机关未通知利害关系人参加行政复议并不违法。对此观点,前文已涉及,此处不赘述。目前,行政机关大多也持这种观点。另一种观点认为,基于正当程序原则的要求,行政机关应当通知利害关系人参加行政复议。行政复议机关未通知利害关系人参加行政复议,即作出对利害关系人产生不利影响的行政复议决定,构成违反法定程序,应当依法予以撤销[1];如行政复议机关作出对利害关系人并无不利影响的行政复议决定,仅构

---

〔1〕 在张成银诉徐州市人民政府房屋登记行政复议决定案中,江苏省高级人民法院在裁判文书中明确指出:"行政复议法虽然没有明确规定行政复议机关必须通知第三人参加复议,但根据正当程序的要求,行政机关在可能作出对他人不利的行政决定时,应当专门听取利害关系人的意见。……徐州市人民政府未听取利害关系人的意见即作出于其不利的行政复议决定,构成严重违反法定程序。"该案例被《最高人民法院公报》2005年第3期所录用刊载。

成程序瑕疵。笔者原则上同意第二种意见,但认为不能以行政复议决定结果是否对利害关系人产生影响来判断程序违法还是程序瑕疵。也就是说,只要行政复议决定可能对利害关系人产生影响的,就应当通知其参加复议。

1. 正当程序原则的要求

正当程序原则,是指行政机关作出影响行政相对人(利害关系人)权益的行政行为前,应当向行政相对人(利害关系人)说明拟作出行政行为的根据、理由,听取相对人的陈述、申辩。虽然《行政复议法》没有明确规定行政复议机关必须通知利害关系人参加复议,但是,行政复议机关是对原行政行为进行审查后作出行政复议决定,可能对利害关系人带来不利的后果。基于正当程序原则,在行政复议程序中应当通知利害关系人作为第三人参加复议,听取其意见,以保证行政复议程序的公正和对原行政行为作出相对客观的评价。

2. 与行政诉讼衔接的要求

虽然行政复议制度是行政机关内部监督制度,具有准司法性,但是,鉴于《行政诉讼法》修改的现状,以法院行政审判组织的视角,从行政复议与行政诉讼的衔接程度来看,对于利害关系人作为第三人参加复议或诉讼的标准应保持一致,即利害关系人主动申请参加复议、诉讼的,经行政复议机关或法院同意后可以作为第三人参加复议或诉讼;在行政复议过程中,利害关系人未申请作为第三人参加复议的,行政复议机关应当通知其参加复议,进入诉讼程序后,法院亦应通知其参加诉讼。由此可见,同一行政行为多头申请复议与行政诉讼中对行政行为合法性进行全面审查的原则冲突,诉讼当事人未参与复议程序而需要在行政诉讼程序中对复议行为表态的矛盾等现实问题,都能够迎刃而解,且有利于重申行政复议与行政诉讼的先后关系。

(二)明确规定第三人参加行政复议的期限

无论是第三人申请参加行政复议还是行政复议机关通知第三人参加行政复议,我国法律都没有明确规定第三人参加行政复议的具体时限以及提交书面陈述意见的最后期限。考虑到行政复议多采取书面审查的方式,没有如行政诉讼设置开庭审理程序,加之行政复议审查期限为60日,与《行政诉讼法》规定的6个月审理期限差距甚大等因素,故在第三人申请参加行政复议或者行政复议机关通知第三人参加行政复议时设置一个时限,更为有利均衡维护申请人和第三人的合法利益,并兼顾保障行政复议效率。

有学者建议,对于申请参加的第三人,作出类似"与申请复议的行政行为有利害关系的第三人,可以在知道或者应当知道行政行为被复议之日起10日内向复议机关申请参加行政复议,但复议机关立案已超过45日的除外"规定;对于通知参加的第三人,作出类似"行政复议机关认为与本案被复议的行政行为有利害关系的人,应当在立案后5日内书面通知其作为第三人参加行政复议,第三人应在收到通知之日起10日内提出陈述意见"规定。[1] 笔者认为,在《行政复议法》修订时,可以对此建议予以考虑吸纳。

(三)建立第三人参加行政复议全程留痕制度

1. 加入阶段

无论是第三人申请参加行政复议还是复议机关通知第三人参加行政复议,都应采用书面形式,即第三人提出书面申请,行政复议机关发出书面通知并送达。

2. 审查阶段

行政复议机关除应充分听取第三人的意见外,必要时还应制作谈话笔录,并及时向第三人送达行政复议程序中相关法律文书。尤其是行政复议决定书的送达,实践中随意性很大,应对送达时间加以明确,以确保第三人对行政复议决定的知悉权和及时提起行政诉讼权。

3. 退出方式

行政诉讼中对于不是利害关系人申请作为第三人参加诉讼的,法院经审查可以不准许其参加;但对于错列或多列第三人的,如何退出诉讼程序法律没有明

---

〔1〕 参见何荣辉著:《我国行政复议制度探析》,中国政法大学2007年硕士学位论文。

确规定。司法实践中一般以制作笔录的方式通知其退出,或者在法律文书中予以明确。借鉴行政诉讼中的第三人制度,结合前文所述案例二,笔者认为,行政复议中亦可以采用制作笔录的方式通知其退出行政复议程序,万不可出现追加了第三人而在行政复议决定书中不列其为第三人的情况。毕竟,严格来说,这种情况属行政复议决定遗漏了当事人,剥夺了该第三人提起诉讼的权利,程序违法。

综上所述,行政复议和行政诉讼的立法目的均包含保护公民、法人和其他组织的合法权益,都是一种权利救济手段,两者之间存在紧密的联系,但是,两者在程序规定方面存在诸多差异,正是这些差异使行政复议和行政诉讼的衔接具有了多样性和复杂性,本文所研究的第三人问题只是其中的一个方面。《行政诉讼法》修改后,对部分问题进行了明确,《行政复议法》的滞后性就更为明显,故对于本文所研究的问题,应通过修改《行政复议法》的方式进行完善,以更好地保护行政相对人和利害关系人的合法权益。

经复议行政案件的管辖问题*

——基于解释第8条的思考

张文慧**

内容提要 自2015年5月1日起实行的《行政诉讼法》修正案迎合时代要求,保障人民诉权。《行政诉讼法》第18条规定:经复议的案件,也可以由复议机关所在地人民法院管辖。但2015年4月27日最高人民法院发布的司法解释第8条却援用级别管辖中的"父随子管辖",以最初做出行政行为的机关所在地确定级别管辖,这一做法在当前时代背景下是否合适引发深思,司法制度改革带有全局性,行政诉讼改革应实现与司法制度改革的融合,在司法体制大环境变化的背景下进行完善。

关键词 管辖 复议 原行政机关 复议机关 司法制度改革

行政诉讼的管辖制度所要解决的核心问题是第一审行政案件的分工与权限,也就是在法院之间划分受理第一审行政案件的职权范围,明确上下各级法院和同级法院之间在审理第一审行政案件上的具体分工。[1] 2013年1月4日《最

---

* 本文发表于《法治论坛》2015年第7期。

** 张文慧,江南大学法学专业本科在读。

〔1〕 参见侯丹华:《新〈行政诉讼法〉实施与法院管辖制度》,载《上海政法学院学报》2015年第3期。

高人民法院关于开展行政案件相对集中管辖试点工作的通知》总结评价:“行政诉讼制度是新时期正确处理人民内部矛盾,完善党和政府主导的维护群众权益的重要机制之一,是畅通和规范群众诉求表达的重要渠道。”

一、《行政诉讼法》第18条

2014年11月1日第十二届全国人民代表大会常务委员会第十一次会议《全国人民代表大会常务委员会关于修改〈中华人民共和国行政诉讼法〉的决定》修正,自2015年5月1日起施行。其中第18条规定:行政案件由最初作出行政行为的行政机关所在地人民法院管辖。经复议的案件,也可以由复议机关所在地人民法院管辖。

修改前《行政诉讼法》第17条规定,行政案件由最初作出具体行政行为的行政机关所在地人民法院管辖。[1] 经复议的案件,复议机关改变原具体行政行为的,也可以由复议机关所在地人民法院管辖。这次修改,删去了“复议机关改变原具体行政行为的”的规定。人大法工委对此的回答主要是考虑与修改后经复议的案件,复议机关都要当被告,复议机关无论是改变还是维持原行政行为,复议机关都要当被告,因此,没有必要在管辖问题上对复议决定是改变还是维持加以区分。经复议的案件,无论复议机关改变还是维持原行政行为,既可以由最初作出行政行为的行政机关所在地人民法院管辖,也可以由复议机关所在地人民法院管辖,由当事人自行选择。这是地域管辖的特殊规定,赋予了当事人对管辖的选择权。根据修改后的《行政诉讼法》第21条规定,两个以上法院都有管辖权的情况下,原告可以选择其中一个法院提起诉讼,如果原告向两个以上法院都提起诉讼的,由最先立案的人民法院管辖。这样规定也体现了对原告权利的保护,方便当事人。

---

〔1〕 参见全国人大常委会法制工作委员会行政法室编著、袁杰主编:《中华人民共和国行政诉讼法解读》,中国法制出版社2014年版。

公民、法人或者其他组织依法未经过复议直接向人民法院提起诉讼的案件，由最初作出行政行为的行政机关所在地人民法院管辖。地域管辖是根据人民法院的辖区来划分第一审行政案件的审判权。级别管辖解决的是案件由哪一级法院管辖，而地域管辖是进一步解决同级法院之间，特别是基层人民法院之间审理第一审行政案件的分工与权限。“原告就被告”是行政诉讼地域管辖的一般原则，经复议的案件，也适用这一原则。

这样的制度设计主要是便于法院审查，人民法院在审理行政案件时调查、取证、执行主要在行政机关的所在地进行，由行政机关所在地人民法院管辖有利于审判。同时，能够避免行政机关异地奔波应诉，降低诉讼成本。大多数情况下，原告的居住地与作出行政行为的行政机关的所在地都同属于一个行政区域，由该辖区的人民法院管辖，也不会使原告负担过重。当然，由被诉行政机关所在地管辖也存在一些问题，司法辖区与行政辖区合一，人民法院的财政供给受同级行政机关的控制，在现实中造成了一些地方保护主义。

二、行政复议

行政复议是解决行政争议的重要手段，从制度上来说，行政复议具有方便、快捷、成本低等特点，应当是解决行政争议的主渠道。但从实践的情况看，事实并非如此，每年进入复议渠道的行政案件数量并不多，长期以来，复议受理的案件数量少于行政诉讼，近年来与行政诉讼受理案件的数量大体持平。

究其原因，主要是公民、法人或者其他组织对复议机关不够信任，一方面是因为复议机构中立性、权威性不够，受到的掣肘比较多，该受理的不受理，已受理的，有些也不能公正地作出复议决定；另一方面也有制度不合理的原因，就是原法规定，复议机关维持原行政行为不作被告、改变原行政行为作被告这一制度。

如果复议机关改变原行政行为，满足了复议申请人的要求，一般情况下，不会发生再向法院起诉的问题，但许多引起争议的行政行为，往往涉及行政相对人以外的第三人的利益，复议决定如果满足了复议申请人的要求，可能会影响第三人的利益,第三人就会向法院起诉。这样,复议机关就变成了被告。但是,如果行政复议维持了原行政行为,申请人不服,向法院起诉,复议机关就不作被告。

因此,实践中,有些复议机关就一味维持原行政行为,导致维持率过高,复议制度解决行政争议的作用没有很好地发挥,复议制度的优势没有得到很好地实现,与行政复议作为解决行政争议主渠道的定位相去甚远。为了从制度上促使复议机关发挥监督下级机关的行政行为、救济公民权利的作用,新法对现行制度作了如上修改。

复议制度是由一系列互相关联的具体措施构建而成的,这些措施又是在一个比较系统化的理论支撑下,按照一定的逻辑关系组合而成,各措施之间前后连贯、环环相扣,这样才能使整个系统呈现有机联系和逻辑上的自洽状态,而不能仅仅从功利的目的出发而不顾制度的运行规律。〔1〕

三、司法解释第8条

2015年4月27日,最高人民法院颁布了《关于适用〈中华人民共和国行政诉讼法〉若干问题的解释》(以下简称《司法解释》),涉及立案登记制、行政机关负责人出庭应诉等十个方面内容,要求法院对当事人依法提起的行政诉讼,一律接收起诉状。《司法解释》总计27条,与修改后的《行政诉讼法》一起于2015年5月1日正式实施。《司法解释》第8条规定:作出原行政行为的行政机关和复议机关为共同被告的,以作出原行政行为的行政机关确定案件的级别管辖。此为级别管辖中的“父随子管辖”。笔者认为,该种管辖有违修改后的《行政诉讼法》第1条(立法目的)、第15条第1款(中院管辖)等规定。

在修改后的《行政诉讼法》第26条出台之后,学界就一直存在“复议机关级别管辖说”和“原机关级别管辖说”,从司法解释的内容来看,最高人民法院采用

〔1〕 参见田勇军:《行政复议裁决主体不应做行政诉讼之被告——以行政复议制度为视角》,载《河南财经政法大学学报》2015年第2期。

了“原机关级别管辖说”，在笔者看来，明显是一种倒退，是司法体制改革中的不和谐因素。要深入讨论这个问题，就必须回到对行政行为的定位上来，很多学者认为，对于修改后的《行政诉讼法》第 15 条规定，中级人民法院管辖县级以上人民政府作出行政行为的案件中的“行政行为”应是指“最初作出的行政行为”，不包括“复议决定”。

但这种解释也存在一些不合理之处。首先，从字面上理解，“复议决定”包括维持决定和改变决定，如果这样理解的话，那么也不包括复议改变决定了。

其次，在仅将“复议决定”限于“维持决定”的情形下，以原行政机关所在地确定级别管辖也是不妥的，本次修改《行政诉讼法》的目的是维护公民的诉权，尽可能地将对公民权利有影响的行政行为都纳入行政诉讼的受案范围，行政复议作为一种重要的行政权的行使方式怎可排除？况且修改后的《行政诉讼法》已经对此作出了热切的回应——维持决定共同被告，在管辖中删去“经复议改变”的前置条件，所以，这样做不仅仅是不符合行政诉讼法的立法目的，而且是与新行政诉讼法相违背的，从效力等级上来看，笔者认为，这条规定应该是无效的。

最后，此次行政诉讼改革的另一个重要目的是“去地方化”。从行政复议的机制设置来看，一般来说，复议机关都是上级机关，当以原行政机关确定级别管辖时，容易出现行政权干涉现象，如当事人对 A 县国土部门作出的行政行为不服，又向 A 县人民政府申请行政复议，对复议决定仍不服提起诉讼。根据修改后的《行政诉讼法》第 15 条规定和《司法解释》第 8 条的规定，由 A 县基层人民法院管辖。A 县基层人民法院审理 A 县政府作为共同被告的案件，往往使原告对案件的审理结果产生担忧。且这与现行大力提倡的提级管辖也是相矛盾的。

辽宁大学张弘教授在《行政诉讼法》修正案颁布之前就说道：我国行政诉讼级别管辖过于低下，相应的法援无法全面对抗同级或上级人民政府，原告的诉讼地位以及实体权利无法得到保障，即使已将县级以上政府作为被告的案件纳入中院的管辖范围，但是，这对级别管辖的改进仅仅是一小步，尚需在此基础上进一步提升行政诉讼案件的级别管辖，不妨规定以县级人民政府为被告的案件由中级人民法院管辖，以地级市人民政府为被告的案件由省级人民法院管辖，以省级人民政府、国务院各部委及国务院为被告的案件由最高人民法院管辖。[1] 与此同时，主张因为绝大多数行政诉讼案件由基层人民法院管辖，而基层人民法院与被告同属于一个行政区的特点，使基层不受干涉成为一种奢望，所以，建议取消基层法院行政诉讼的管辖权，由中级人民法院作为行政案件一审或初审法院。

四、行政诉讼管辖和司法制度改革探讨

现行《行政诉讼法》堪为人忧的实施状况也牵动着杨海坤教授的心。早在十年前，杨海坤教授就撰文分析了摆脱行政诉讼困境的根本出路在于体制改革。杨海坤教授认为，深入进行经济体制改革是培育行政诉讼制度的基础，而稳步进行政治体制改革则是推进行政诉讼制度的关键。其中，建立独立的司法体制，确保人民法院和行政法官依法独立审理行政案件是重中之重。为此，杨海坤教授主张，应当组建独立的、与普通人民法院相平行的行政法院系统，提高审级，设立与中级人民法院同级的行政法院审理一审行政案件，在高级人民法院内设立行政上诉法院，统一由最高人民法院管辖。[2] 虽然有些学者认为"一味地提高审级是不可取的，并不能全面解决政府干预司法审判的问题"，同时"还制造了新的不平等"，"大大增加了当事人的诉讼成本和诉讼难度"，但是，笔者还是赞成杨海坤教授的观点，在当前我国行政诉讼的环境下，中立是裁判组织的灵魂，独立是中立的前提，"去地方化"的裁判结果更容易实现形式上的公正，更容易为当事人接受，符合原告的心理需求。

正如内蒙古大学程建老师在论述交叉管辖时所预见的那样，这样做将行政

---

〔1〕 参见裴兆斌、张弘：《行政诉讼起诉人与原告二元制度构建研究——兼论行政诉讼起诉人概念的确立与诉讼程序地位的保障》，载曾祥华、梅锦编：《〈行政诉讼法修正案〉重点问题研究》，知识产权出版社2015年版。

〔2〕 参见吴晓：《从行政诉讼管辖改革看行政诉讼的出路》，载《政法学刊》2010年第3期。

纠纷的最终法律救济途径限制于一定行政区域内:通过行政复议和行政诉讼最终使案件在同一级别的国家司法机关作出终审判决,客观上使县级人民政府与行政相对人之间的纠纷在地市级行政区划内解决,避免了将当事人之间的矛盾提升到省级司法机关解决。但是,一旦行政纠纷解决不公,则基层的矛盾因无法通过更高级别的国家机关提供法律救济而形成新的社会矛盾。一旦行政纠纷解决不公,则基层的矛盾因无法通过更高级别的国家机关提供法律救济而形成新的社会矛盾。

《行政诉讼法》作为三大诉讼法中与社会关系纽带最为脆弱的一环,稍有差池,往往会造成严重的社会后果。[1] 行政诉讼管辖制度的改革设想应与目前司法体制改革的设想相融合,等待司法体制变革的实践结果,期待在司法体制改革取得成功的情况下,实现行政诉讼管辖制度实施效果的提升,并进一步做制度本身的完善。[2] 法律是治国之重器,良法是善治之前提。《行政诉讼法》的颁布是我国依法治国的重要体现,只有不断完善行政诉讼法,构建合理的诉讼管辖机制,才能更好地推进依法治国进程。

---

〔1〕 参见贺荣兰:《行政诉讼管辖制度的改革方向》,载《法制与社会》2014 年第 10 期(中)。

〔2〕 参见肖强、张吉利:《论行政诉讼管辖衔接问题——以新〈行政诉讼法〉第 15 条、18 条、26 条为例》,载《法制与社会》2015 年第 4 期(下)。

主题三　国家监察委员会制度研究

国家监察体制改革与检察机关行政救济功能的提升

上官丕亮*

内容提要 国家监察体制改革后，人民检察院法律监督机关的性质不变，其立案监督、侦查监督、刑法监督、审判监督、执行监督等法律监督职责不变，但人民检察院将不再履行直接对贪污贿赂、失职渎职等犯罪进行立案侦查的“职务监督”职责，而监察监督将被纳入人民检察院法律监督的职责范围，特别是人民检察院将有权提起行政公益诉讼，这意味着检察机关的行政救济功能在生态环境和资源保护、食品药品安全、国有财产保护、国有土地使用权出让等领域将大为提升。

关键词 国家监察体制改革 检察机关 法律监督 行政救济

2016年12月25日第十二届全国人民代表大会常务委员会第二十五次会议通过了《全国人大常委会关于在北京市、山西省、浙江省开展国家监察体制改革试点工作的决定》，决定在北京市、山西省、浙江省及所辖县、市、市辖区设立监察委员会，行使监察职权，试点地区人民检察院查处贪污贿赂、失职渎职以及预防职务犯罪等部门的相关职能整合至监察委员会，监察委员会对本地区所有行

* 上官丕亮，苏州大学王健法学院教授、博士生导师。

使公权力的公职人员依法实施监察,履行监督、调查、处置职责。[1] 显然,国家监察体制改革后,人民检察院的“职务监督”职责将不再存在,由此许多学者提出了人民检察院的改革走向及职责调整问题。笔者认为,人民检察院的法律监督职责今后有变,但同时也有不变之处。

一、国家监察体制改革后,人民检察院法律监督机关的性质不变

有学者认为,国家监察体制改革后,人民检察院将只为公诉机关。

笔者认为,即使国家监察体制改革后,人民检察院的法律监督机关性质依然不变。首先,这是我国《宪法》所规定的。我国现行《宪法》第 134 条明确规定:“中华人民共和国人民检察院是国家的法律监督机关。”《宪法》没有被修改之前,其规定必须继续维护和实施。

其次,国家监察体制改革后人民检察院“职务监督”职责的转移并不等于人民检察院法律监督职责的彻底转移。人民检察院的法律监督职责本来就不限于直接查处贪污贿赂、失职渎职以及预防职务犯罪这一“职务监督”职责,它还有侦查监督、审判监督、执行监督等法律监督职责。人民检察院的“职务监督”职责转移到监察委员会之后,它的其他法律监督职责依然存在。

然而,既然今后监察委员会将行使“职务监督”等法律监督职责,那么人民检察院还能称之为“法律监督机关”吗?其实,《宪法》第 134 条规定人民检察院是法律监督机关,本来就没有垄断所有的法律监督。在我国《宪法》文本中,“监督”一次共出现 15 次,涉及 12 个宪法条文(第 3 条、第 11 条、第 27 条、第 62 条、第 67 条、第 77 条、第 91 条、第 102 条、第 104 条、第 109 条、第 132 条、第 134

[1] 2017 年 10 月 29 日,中共中央办公厅印发《关于在全国各地推开国家监察体制改革试点方案》,载中国政府网,http://www.gov.cn/xinwen/2017-10/29/content_5235245.htm。2017 年 10 月 31 日第十二届全国人民代表大会常务委员会第三十次会议审议了《全国人民代表大会常务委员会关于在全国各地推开国家监察体制改革试点工作的决定(草案)》,载中国纪委监察网,http://www.ccdi.gov.cn/xwtt/201710/t20171031_110653.html。

条)。从监督机关来看,我国《宪法》所规定的法律监督至少还有:(1)人大监督。即国家权力机关对其他国家机关的监督。《宪法》第3条第3款规定,国家行政机关、监察机关、审判机关、检察机关都由人民代表大会产生,对它负责,受它监督;第67条规定,全国人大常委会监督国务院、中央军事委员会、国家监察委员会、最高人民法院和最高人民检察院的工作;第104条规定,县级以上的地方各级人民代表大会常务委员会监督本级人民政府、监察委员会、人民法院和人民检察院的工作。(2)行政监督。即行政机关内部的监督,包括上级行政机关对下级行政机关的一般监督、审计监督和政纪方面的行政监察等专门监督。《宪法》第91条第1款专门规定,国务院设立审计机关,对国务院各部门和地方各级政府的财政收支,对国家的财政金融机构和企业事业组织的财务收支,进行审计监督;第109条规定:县级以上的地方各级人民政府设立审计机关。地方各级审计机关依照法律规定独立行使审计监督权,对本级人民政府和上一级审计机关负责。(3)司法监督。主要是法院内部上级法院对下级法院和专门法院的监督,以及根据《宪法》第41条而创设的人民法院对行政机关行政行为合法性的行政审判监督。《宪法》第132条第2款专门规定:最高人民法院监督地方各级人民法院和专门人民法院的审判工作,上级人民法院监督下级人民法院的审判工作。

显然,人民检察院的法律监督并不垄断所有的法律监督,它不包括人大、政府、法院开展的法律监督,当然,今后也不包括监察委员会开展的法律监督,它仅指人民检察院开展的法律监督,我们可称之为"检察监督"。正如1983年6月7日,时任最高人民检察院检察长黄火青在六届全国人民代表大会一次会议上所作的《最高人民检察院工作报告》所指出的:"人民检察院作为国家的法律监督机关,实施法律监督,不是对所有法律的执行情况都进行监督,而是按照法律的规定,在一定范围内行使检察权。"[1] 在某种意义上可以说,《宪法》规定人民检

〔1〕 全国人民代表大会常务委员会办公厅编:《中华人民共和国第六届全国人民代表大会第一次会议文件汇编》,人民出版社1983年版,第102页。

察院是国家的法律监督机关，并不完全名不符实！我们本应对第134条的规定作限缩解释。由此，国家监察体制改革后人民检察院“职务监督”职责转移到监察委员会，并不会导致人民检察院法律监督机关性质的改变。

二、人民检察院的立案监督、侦查监督、刑法监督、审判监督、执行监督等法律监督职责不变

根据人民《检察院组织法》《刑事诉讼法》《民事诉讼法》《行政诉讼法》等的规定，人民检察院在国家监察体制改革后仍继续履行下列法律监督职能：

（一）立案监督

人民检察院对公安机关的立案活动是否合法实行监督。

（二）侦查监督

人民检察院对公安机关的侦查活动是否合法实行监督，包括审查公安机关要求批准逮捕犯罪嫌疑人的提请并作出决定。

（三）刑法监督

人民检察院对刑事案件提起公诉，支持公诉。提起公诉，其实也是人民检察院履行法律监督职责的一种形式，它是人民检察院对任何人包括国家机关及其工作人员是否违反刑法所进行的监督。根据《全国人民代表大会常务委员会关于在北京市、山西省、浙江省开展国家监察体制改革试点工作的决定》的规定，监察委员会在对本地区所有行使公权力的公职人员依法实施监察时，对涉嫌职务犯罪的，移送检察机关依法提起公诉。今后，人民检察院依然将是履行提起公诉这一刑法法律监督职责的唯一机关。

（四）审判监督

人民检察院通过提出抗诉等方式对人民法院在刑事诉讼、民事诉讼和行政诉讼中的审判活动是否合法实行监督。

（五）执行监督

人民检察院对监狱、看守所等执行机关执行刑罚的活动是否合法实行监督。

三、国家监察体制改革后人民检察院法律监督职责的可能变化与行政救济功能的提升

（一）人民检察院的职责转移

原来由人民检察院直接对贪污贿赂、失职渎职等犯罪进行立案侦查的“职务监督”职责将转移到监察委员会实施监察，人民检察院不再履行这一法律监督职责。

（二）监察监督也应纳入人民检察院法律监督的职责范围

从试点的情况来看，目前是监察委员会调查、检察院起诉、法院审判，应该说检察院审查起诉也是对监察委员会的一种监督。国家监察体制改革后，监察委员会行使监察职权，对本地区所有行使公权力的公职人员依法实施监察，履行监督、调查、处置职责，可以采取谈话、讯问、询问、查询、冻结、调取、查封、扣押、搜查、勘验检查、鉴定、留置等措施。但对监察委员会的监察活动是否合法由谁实行监督，目前尚无规定。笔者建议正在制定的《国家监察法》规定人民检察院对监察委员会的监察活动是否合法实行法律监督，这既是防止监察机关“灯下黑”的客观需要，更是《宪法》规定人民检察院是法律监督机关的要求。

（三）公益监督将成为人民检察院履行法律监督职责的重要形式

2017 年 6 月 27 日第十二届全国人民代表大会常务委员会第二十八次会议通过了《关于修改〈中华人民共和国民事诉讼法〉和〈中华人民共和国行政诉讼法〉的决定》，明确将检察机关提起公益诉讼写入这两部法律，标志着检察机关提起公益诉讼制度正式确立。今后检察机关通过提起民事公益诉讼和行政公益诉讼的方式对生态环境和资源保护、食品药品安全等领域的违法行为开展监督，这将成为人民检察院履行法律监督职责的新的增长点。

关于《中华人民共和国行政诉讼法》的修改，第 25 条增加一款，作为第 4 款：“人民检察院在履行职责中发现生态环境和资源保护、食品药品安全、国有财产保护、国有土地使用权出让等领域负有监督管理职责的行政机关违法行使职权

或者不作为,致使国家利益或者社会公共利益受到侵害的,应当向行政机关提出检察建议,督促其依法履行职责。行政机关不依法履行职责的,人民检察院依法向人民法院提起诉讼。”

人民检察院提起行政公益诉讼,这意味着检察机关的行政救济功能在生态环境和资源保护、食品药品安全、国有财产保护、国有土地使用权出让等领域将大为提升。

未来国家监察委员会的功能定位*

冉富强** 耿鹏飞***

内容提要 监察体制改革是当前中国的一项重大宪法政治改革。国家监察委员会是与传统“三权”并立的第四权力，与原有行政监察权有本质区别。监察委员会的功能定位既要合理借鉴域外监察制度的成功经验，也要紧密结合当下中国政治、经济与社会现实。未来国家监察委员会的功能定位应当为综合型，即应当行使反腐倡廉、维护法治及保障人权等多种职能。

关键词 国家监察委员会 反腐倡廉 法治维护 人权保障

自2013年11月十八届三中全会通过《中共中央关于全面深化改革若干重大问题的决定》以来，全面深化改革渐次展开，国家监察体制改革便是其中之一。2016年11月7日，中共中央办公厅印发《关于在北京市、山西省、浙江省开展国家监察体制改革试点方案》（以下简称《方案》），国家监察体制改革从顶层设计步入实践操作阶段。随着《全国人民代表大会常务委员会关于在北京市、山西省、浙江省开展国家监察体制改革试点工作的决定》（以下简称《决定》）的

---

* 本文曾发表在《河南教育学院学报》（哲学社会科学版）2017年第6期，原文标题为《未来国家监察委员会的功能定位刍议》，特此说明。

** 冉富强，河南财经政法大学法学院教授，法学博士。

*** 耿鹏飞，河南财经政法大学宪法学与行政法学研究生。

通过并开始实行，监察体制由党的意志和党内决策转化为国家意志。《决定》对试点地区监察委员会的组成与选任、职责与职权以及法律适用作出相关规定，是试点地区监察体制改革的初步法律基础。

将监察委员会与人大、政府、司法机关并列，势必对我国的国家权力架构特别是横向权力配置产生重大调整。如此重大的改革也激发了社会各界对监察体制改革的高度关注和热烈讨论。显然，监察委员会的功能定位是监察体制改革中的首要问题，《决定》虽然并未对其功能明确阐明，但《方案》指出："深化国家监察体制改革的目标，是建立党统一领导下的国家反腐败工作机构。"由此可见，"国家反腐败工作机构"似乎是对未来监察委员会的功能定位。这一定位充分体现出党和国家对反腐败工作的高度重视，也符合我国当前的政治实践。但是，从长远来看，单纯将其定位为"反腐败工作机构"值得进一步论证。笔者认为，未来监察委员会的功能定位应当在全面考察世界上主要国家及地区监察体制的功能选择的基础上，紧密结合我国政治体制、经济体制及文化传统的诸多特色，尽量设计出既能满足当前需求，又符合国家法治发展长远大计的功能定位。

一、域外国家或地区监察权的功能选择

根据国际监察组织的统计，目前已有超过一百个国家与地区建立了监察制度。1809 年瑞典作为第一个设立监察使的国家，创设了监察制度，其监察使制度最为古老。[1] 20 世纪中期以后，因政府行政权力大大扩张，许多国家和地区设立了监察制度。囿于不同的历史背景和社会政治、经济、文化条件，各个国家和地区的监察权承载了不同的功能。随着民主法治国家的逐步完善成熟，监察制度的功能选择亦有一定的趋同之势。

（一）保障人权功能

瑞典是现代国家最早设立监察制度的国家。瑞典的监察使对国会负责，以

〔1〕 参见周阳山著：《监察与民主》，"监察院"2006 年版，第 1 页。

国会代表的身份独立行使权力。瑞典共有四位国会监察使:一位首席监察使和三位监察使,监察对象有所区别。首席监察使负责监督法院、检察系统和警政;第一位监察使负责监督狱政、武装部、税务、海关、裁判执行业务和社会保险等;第二位监察使负责监督社会福利、公共健康、医疗、教育等;第三位监察使负责监督行政法院、房屋与建筑、移民、外交事务、环境保护、农业与动物保护、劳动市场以及其他各位监察使不负责监督的事项。[1] 国会监察使的主要职责是确保公共行政与司法的品质,监督行政与司法是否违背"人权保障"原则、是否侵害人民的权益。监察使行使职权的方式多为不具有直接强制法律效力的批评、警告或建议等。

除了四位国会监察使,瑞典还设置了六位由政府任命的专业监察使,分别是:消费者监察使、公平机会监察使、反族群歧视监察使、反性倾向监察使、儿童监察使、身心障碍办公室监察使,以及由民间媒体组织自行设置的媒体监察使。专业监察使从人权保障角度出发,多以国际通行的人权宪章为监察权行使标准。由这些专业监察使的名称可以发现,监察的领域均是现代民主制度的人权保障领域。

芬兰是继瑞典之后第二个设立国会监察使的国家,其监察体系从广义讲由国会监察使、法务总长和政府专业监察使组成。[2]《芬兰宪法》第109条规定:国会监察使应确保法院、其他政府机关与公务人员、政府雇员及其他执行公务人员,遵守法律、尽其义务。为执行其任务,国会监察使负责监督基本权利、自由权与人权的执行状况。国会监察使就其对国家机关执法状况的观察及立法工作的缺失等提出年度报告。

总体来看,世界各国监察使扮演的角色主要包括监督者、保证者、中介协调者、民众服务者、超然调查者或仲裁者等角色,不同国家的监察使所扮演的角色

---

〔1〕 参见周阳山著:《监察与民主》,"监察院"2006年版,第2~3页。

〔2〕 参见"监察院"国际事务小组编译:《芬兰监察制度》,"监察院"2007年第2版,第16~17页。

也有一定的差异性。[1] 比如,芬兰国会监察使主要扮演“合法性监督者”和“人权保护者”双重角色。芬兰宪政改革后,新的《芬兰宪法》明确规定了国会监察使作为国会权力的延伸职能没有改变,但其权力由小变大,对行政机关的监督有所加强,更加强调和重视人权保障。

法务总长与国会监察使都是芬兰的最高法律守护者。法务总长监督政府机关是否依法行政,尤其注意是否遵守基本权与人权的规定。芬兰隶属行政部门的专业监察使有6种,包括少数族裔监察使、平等监察使、资料保护监察使、消费者监察使、破产监察使及儿童监察使。[2] 从专业监察使的主要职责任务来看,专业监察使主要受理民众陈诉和提供咨询服务,以专家的立场给予民众忠告、指导、建议,提供咨询、教育、协助,保障人民权益,当然,专业监察使也可以为政府机关提供政策建议。但从本质上讲,专业监察使的功能在于保障公民基本权与人权。

(二)居中调解功能

英国属于君主立宪国家,采取责任内阁制。全国设有一位国会监察使,国会监察使是下院官员,由女派遣。基于对自治精神的尊重,英国的四个行政区均设有地方监察使。国会监察使对国会负责,专门处理针对中央政府部门及公共机构的陈情;地方监察使向地方议会负责,处理民众针对地方政府机构的陈情。

国会监察使独立于政府,并非公务员。任何向国会监察使提出的陈请案件都将被视为机密,其调查也是私密进行,他们所提供的服务,不收取任何费用。[3] 其调查的范围限于因公部门不当施政(如程序错误、不公正或偏见、拒绝回答合理的问题等),而造成民众痛苦的不公义行为的陈情案。地方监察使调查的地方政府机关及特定机构的不当施政所造成的不公。其目的是在适当情况

---

[1] 参见“监察院”国际事务小组编译:《芬兰监察制度》,“监察院”2007年第2版,第169页。

[2] 参见“监察院”国际事务小组编译:《芬兰监察制度》,“监察院”2007年第2版,第192页。

[3] 参见“监察院”国际事务小组编译:《英国及爱尔兰监察工作》,“监察院”2002年版,第4页。

下使陈情人取得满意的补偿以及促使政府机关改善行政。严格意义上说，英国的地方监察使是司法审查的另一种途径或替代途径。

从上述分析可以看出，英国监察使的功能类似调解者或仲裁者，扮演的是政府和民众沟通的桥梁角色，调解两者之间的关系。此外，与英国监察制度功能相近的还有法国。法国共和监察使的主要任务亦为受理人民陈情，扮演中介者、调解者的角色。[1]

（三）反腐倡廉功能

20世纪90年代，非洲越来越多的国家开始设置混合监察使，混合监察使除了具有传统监察使的功能以外，还增加了人权保障、反贪污和领导法执行、促进良好治理、环境保护等职权。有的国家甚至专门设置了反贪肃纪的监察机构，比如加纳、坦桑尼亚就撤销了传统监察使，以混合监察使取代之。这与这些国家反贪污贿赂的严峻形势有关。[2]

在亚洲及大洋洲地区，监察使常常被赋予反贪污和领导法执行的职责。亚洲多数国家监察机构都具有混合职责，最常见的为反贪污、审计、领导法执行等功能，比如，印度部分州的监察机构、印尼监察机构、菲律宾监察机关、东帝汶的监察机关、中国澳门地区监察机构及具有反贪污功能，中国台湾地区监察机关则具有反贪污、审计、官员行为规范等功能。这些机构往往被赋予相应职权以支持反贪污工作，比如起诉权（菲律宾）或弹劾权（中国台湾地区），拘留、搜查、扣押以及使用武器（中国澳门地区）等职权。当然，中国香港地区申诉委员会为传统监察使，也有调查贪污案件的职权。亚洲有些国家有些混合监察机构具有人权保障功能，特别是斯里兰卡、泰国和东帝汶。有些亚洲国家监察使虽然没有明确的人权保障功能，但在实际运作中，也处理与人权相关的事宜。总之，亚洲、非洲

---

〔1〕 参见"监察院"国际事务小组编译：《法国监察制度》，"监察院"2007年版，第44、60页。

〔2〕 琳达·瑞芙：《监察与人权——良好治理与国际人权体系》，"监察院"国际事务小组编译，"监察院"2007年版，第264页。

及大洋洲监察使具有反贪污、领导法执行等角色，其功能侧重于廉政建设。[1]

二、我国监察权的功能选择

我国当下监察制度功能定位的选择离不开中国几千年监察制度的历史积淀，离不开中国古代监察制度功能定位的经验借鉴，更离不开当下中国特色社会主义政治、经济、文化及社会现实特征。

（一）中国古代监察体制的功能考察

我国自古代就有了监察制度，监察制度历史悠久。“监察制度与考试制度同为我国固有之政治制度，论起源流，则监察制度较考试制度尤为古远。”早在西周就有了派遣监察官吏的制度，到秦始皇统一中国建立起中央集权制度后，便正式建立了监察制度。这一机制历经数千年而不衰，确保了封建王朝的稳定。但古代监察制度与现代监察权在职权配置、价值取向、功能及运行机制等方面有着本质区别。但中国古代监察制度对当下中国的监察制度构建仍然具有重要的参考价值和借鉴意义。

我国古代的监察制度大体可以分为形成、发展、完善三个阶段。[2] 秦汉是其形成时期，三国两晋南北朝、隋唐是中国古代监察制度的发展阶段，宋元明清则是完备阶段。从职能来看，古代中国监察制度的主要职权是纠弹和谏诤，纠弹是对下，谏诤是对上。然而，皇权的至高无上决定了对上的谏言是往往软弱无力的，皇权是不会愿接受监督的，所以，发展到清朝时期，言官也只好行使察官的职能，对下不对上了。总体来看，各个王朝监察机关的具体职权不完全相同，但古代中国监察机构主要有以下职权：(1)纠举弹劾权；(2)谏议国政权；(3)肃正朝

---

〔1〕 琳达·瑞芙：《监察与人权——良好治理与国际人权体系》，“监察院”国际事务小组编译，“监察院”2007年版，第277～279页。

〔2〕 鲍爽：《著名法学家张晋藩：中国古代监察制度对维护国家纲纪作用重大》，载《浙江法制报》2017年5月4日。

仪权;(4)考核监视权;(5)推鞫狱讼权;(6)经济稽察权。[1] 其中纠举弹劾权是指对官吏违法失职行为的检举、处分或追究法律责任,它是监察权的主要功能。此项权力为历代王朝所传承,一直延续至清末。由此可见,弹劾是整饬吏治、振肃纲纪的重要权能。

在中国两千年的封建社会中,皇权至上,而皇权完全是依靠层层官吏推行的,可以说官吏支撑着国家政权的运转,吏治良好与否决定着国家的兴盛和衰败。一方面,官僚的腐败会葬送封建王朝的统治;另一方面,宰臣的专权会危及皇权至高无上的尊严。[2] 所以,历代王朝的监察机关的重要职能就是监察百官,使官员都能够依朝纲行事。它的基本任务就是整肃官僚,以充分发挥官僚机构的作用和通过"彰善瘅恶,激浊扬清",实现社会的调整功能。[3] 总之,古代监察体制的功能就是治官以维护国家纲纪。

(二)中国近代监察体制的功能选择

自1840年鸦片战争开始,到1949年中华人民共和国成立,我国发生了一场又一场翻天覆地的革命,国家经济、政治、文化也都先后历经变迁。作为政治制度重要部分的监察制度,也几经变化。孙中山先生的"五权分立"思想影响着这一时期的监察制度,他将国家权力分为政权与治权两部分,政权包括选举、罢免、创制、复决的权力,治权包括行政、立法、司法、考试、监察权力。南京临时政府时期监察权与孙中山先生的监察思想有一定差距,这一时期完全照搬西方的议会监察制度,监察权能有质问权、弹劾权、查办权等。当时由于历时较短,思想尚未开放等因素,其功能并未显现。广州、武汉国民政府时期监察权存在时间亦较短,但其形成了自己的特点:实行双重领导,权能也较为广泛。南京国民政府时期,监察体系日趋完备,先后公布了《监察院组织法》《监察委员会保障法》《弹劾

[1] 参见徐德刚:《五权宪法监察权研究》,武汉大学2006年博士学位论文,第35~42页。

[2] 参见赵贵龙著:《中国历代监察制度》,法律出版社2010年版,第105页。

[3] 参见鲍爽:《著名法学家张晋藩:中国古代监察制度对维护国家纲纪作用重大》,载《浙江法制报》2017年5月4日。

法》等监察制度法律体系。与此同时,监察权能也不断扩大,监察机关享有弹劾、审计、调查、监试、纠举、建议、同意、纠正等职权。随后,受社会政治、经济尤其是文化传统的规制,我国台湾地区监察权的功能定位漂浮不定,权能不断萎缩。[1]

纵观资产阶级共和时代的监察制度,其监察机关成为并列于行政、司法的独立机构,不受立法与行政机关的节制,这是中国资产阶级监察制度的特色。[2]总之,近代中国监察体制既继承了中国古代的御史制度的衣钵,又结合了当时的时代特点,对当时的廉政建设起到了一定作用。

(三)中华人民共和国监察制度的功能定位

中华人民共和国成立初期,政务院设有人民监察委员会。1954 年,政务院改为国务院,人民监察委员会改为监察部。1959 年 4 月,由于种种原因,撤销了监察部。根据 1982 年《宪法》规定,我国逐步恢复和健全专职行政监察机构,于 1983 年成立了国家审计署。1986 年 12 月,全国人大常委会作出了关于恢复并确立国家行政监察体制、重新设立中华人民共和国监察部的决定。行政监察体制恢复后,形成了党的纪检机关和行政监察机关两套机制并行的局面,职能在诸多方面存在交叉和重复地方。1993 年,中央纪委和监察部正式合署办公,实行一套工作机构、两个机关名称。2007 年,中国国家预防腐败局正式揭牌,在监察部加挂牌子,局长是由中纪委副书记、监察部部长兼任,负责全国的预防腐败工作。

名称及职权不断变化的监察机构,说明这一时期监察体制不断地强化了其廉政建设功能,这虽是现实需要,但却也导致了很多问题,其中饱受诟病的是关于纪检机关"双规"的合法性问题。这项权力对查处贪污腐败非常"奏效",因反腐败工作严峻,"双规"是纪检机关查处贪腐常用的手段。被"双规"的人员在调

---

[1] 参见徐德刚:《五权宪法监察权研究》,武汉大学 2006 年博士学位论文,第 112 ~ 147 页。

[2] 参见赵贵龙著:《中国历代监察制度》,法律出版社 2010 年版,第 121 页。

查期间失去了与外界联系的自由,以及人身自由,这与刑事强制措施的性质并无差别,然而"双规"却缺乏法律依据,更不像刑事强制措施,有严格的适用条件、程序、期限等。这明显与《宪法》《立法法》等法治的精神相违背。与"双规"措施及强力反腐职权形成强烈反差的是,监察部门只能依据《行政监察法》行使行政监察职权,不能对国有企业、国有事业单位(公立高校、医院等)以及承担一定社会公共服务职能且办公经费源自各级公共财政的工会、妇联、青年团等社会组织实施行政监察。由此导致监察部门不能实现对"国字头"事业单位、国有企业领域的全覆盖,进而不能实现反腐败制度的高压态势,不能形成"不敢腐"的社会氛围和强大气场。

此外,纪检机关和行政监察机关合署办公是为了方便两机构的分工合作及更好地开展反腐工作。但合署办公之后使得违法责任与违纪责任含混不清,实践中常常以纪律处分代替行政处分,甚至出现以行政处分代替刑事处罚的情况。加之由于纪检机关查处贪腐手段特殊、力度强大、成果较为显著,使之权力特别巨大,行政监察部门则相对虚化。党的十八大以来,更强调反腐倡廉功能的实现。纪检机关既承担着查处重大贪污腐败案件的任务,还要处置一般违法违纪问题,任务繁重。

三、拟设立监察委员会的功能定位

(一)未来监察委员会功能应定位为综合型

从目前的《方案》与试点做法来看,监察委员会是集党纪监督、行政监督与法律监督权于一体的综合性、混合性与独立性机关,既不同于党的机关,也不同于行政机关或司法机关,其职权也具有综合性与混合性。[1] 惩戒腐败、防范权力怠失,是现代监察制度产生的直接原因,值得我们反思的是,监察权力不断扩张,廉政建设功能不断强化,而权力腐败问题却没有得到有效遏制。

---

[1] 参见韩大元:《论国家监察体制改革中的若干宪法问题》,载《法学评论》2017年第3期。

未来设立的国家监察委员会,应有廉政建设的功能,但却不能以此单一功能来定位监察委员会。我们要设立的国家监察委员会是并列于"一府两院"的国家机关,不是附属某一权力机关的机构。如果过于强调反贪肃纪功能,在制定《国家监察法》《国家监察机关组织法》等法律时,就会强调其为实现廉政功能而享有的"调查和处置"权力或手段,进而会弱化对该机关相关权力的监督制约。这样一来,这一国家机关就会成为实质上的行政部门或司法部门的"上级机关",会挟制各个行政机关及司法机关。作为国家机关,监察委员会在权力框架体系中,表面上是国家权力分支,但其深层面向是国家权力必须触及的国民利益;在权力与权利关系的"二元"面向中,监察权为促进权力善治与提升权利保障的基础;在权力的价值系统,监察权的消极面向是防止滥用权力,制止权力腐败运行,积极面向则是促进政府效能。[1] 可见"反腐败"功能定位仅仅是其一个面向的消极方面,不符合监察体制改革的初衷,也不符合法治建设的要求。

考察其他国家和地区的监察功能选择可以发现,监察机关是为回应行政权扩张与权力腐败滥用而生成的一个新的权力,而构建这一制度的目的实质上是人们希望通过某种特殊的体制机制来制约和规范权力行使和运行,进而维护和保障人权。因此,人权维护和保障应当是监察权的最终功能定位。当今世界各个民主法治国家的监察制度几乎都最终发展为保障人权功能即是上述结论的佐证,我国监察权的建构和完善理应适当考量世界趋势。

随着互联网时代的快速发展及全球化程度的不断加深,我国现阶段腐败形势依然相当严峻:腐败呈现方式隐蔽化、形式复杂化、主体多样化、行为扩散化等。[2] 鉴于日益严峻的腐败形势,我国未来监察委员会必定要先致力于反腐倡廉的机制完善和制度建设。因此,将其功能定位为综合型功能比较合适,即未来的监察机关应当具有反腐倡廉功能、维护法治功能和保障人权等功能。这样的

---

〔1〕 参见魏昌东:《国家监察委员会改革方案之辨正:属性、职能与职责定位》,载《社会科学文摘》2017 年第 6 期。

〔2〕 参见杜兴洋著:《行政监察学》,武汉大学出版社 2008 年版,第 200 ~202 页。

功能设计既能与监察权本身混合权力的属性相匹配,也能顺应反贪肃纪的严峻形势,还能兼顾国家监察制度发展的长远大计。

(二)保障人权功能

尊重和保障人权是世界各国社会政治、经济发展中不容忽视的重要议题。20世纪以来,人权事业进入了新的发展阶段。我国紧随世界发展步伐,在2004年《宪法》修正案中明确规定"国家尊重和保障人权"。监察权定位与一国人权保护能力、层次与水平呈正相关关系,监察权直接以公权力为约束对象,在维护权力合规的同时,护卫国民权益是其履职的一体两面。[1]

未来的监察委员会,应该监督各机关对公民基本权利与人权保障的执行情况,并以此作为审查工作的重点之一。在这一功能指导下,国家监察委员会应受理对侵犯公民权利的立法、行政、司法行为的举报,保障公民权利不受侵害,即使受到侵害也能尽快或尽量得到有效补偿。凡是人民基本权利遭受侵害的陈情都应该受理,并尽快予以妥善处理。未来在监察法律制度构建时,可以考虑设置专门的内部机构,对涉及公民基本权利的"案件",从受理、审查、处理等程序都作出详细规定。随着服务政府、福利国家理念的不断深入,监察委员会也可以考虑像其他国家一样,为公民就基本权利等相关问题提供专门的咨询和建议。未来监察委员会的工作上应该以人权保障为方向和基础,同时人权保障也应作为其最终目标。

(三)维护法治功能

法治是现代社会人民选择的治国方式,是治国理政的基本方式。我国一直致力于也正处于法治建设时期。推进法治建设需要从立法、行政、司法、守法多方面出发,全面开展工作。无论是立法,还是行政、司法,都不是人民的直接权力,这些权力是国家权力,掌握在国家机关手中,可见国家机关是法治建设推动

〔1〕 参见魏昌东:《国家监察委员会改革方案之辨正:属性、职能与职责定位》,载《社会科学文摘》2017年第6期。

力。而违法乱纪的往往也是“官”而非民。基于此,法治应该是“治权、治吏”。设置监察委员会这一专门的监察监督公共权力享有者的机构,理应推动公共权力享有者依法享有权力,依法行使权力。只有公共权力及其享有者带头遵循法治,法治建设才不会落空。

监察委员会应监督“公务员”违法违纪行为,主动监督各公共权力享有者的依法行政情况,及时纠正违法行为。对受理的举报、控告公务员违法乱纪的案件,要及时核实处理并给予反馈。这一功能可能会涉及国家监察委员会与其他国家机关的职权范围、边界问题。总体来说,监察委员会对公共权力享有者依法情况的监督应该是合法性监督,不应插手具体事务的处理。

(四)反腐倡廉功能

腐败作为一种历史现象,随着社会发展而不断处于发展变化之中。未来监察委员会设立以后,前期必然以反贪为工作重点。但我们必须要在监察制度的发展过程中慢慢平衡、协调其与其他功能的关系。其实,监察委员会落实好维护法治和保障人权的功能,廉洁政治的目标也就自然实现。从深层次来看,权力腐败的实质就是对公民权利的直接或间接侵害。

对于公权力者的贪腐,有效且长期的方法必须依靠清明政治的构建、民主制度的完善及公民权利的保障来实现。我国目前尚未制定《领导个人事项及财产申报法》,仅有中共中央办公厅、国务院办公厅印发的《领导干部报告个人有关事项规定》。为了预防和惩治腐败,关于此规定仍需要进一步修改和完善,时机成熟时应制定专门的法律制度,这样才能让其发挥更大的实效。就目前来讲,新成立的监察委员会应严格落实现有规定,加强对领导干部个人事项以及财产等重大事项申报的检查、监督,最大限度地预防腐败于萌芽状态,形成“不能腐,不敢腐”的制度环境。

四、结语

国家监察委员会作为新的国家机关加入原有的权力框架体系,势必会引起国家权力架构的重大变化,从而引起国家权力在一定范围内的重新配置。监察机关的功能定位是职权配置的方向和指引,功能定位的设计是未来监察委员会设置的首要问题。将国家监察委员会定位为综合型功能,即反腐倡廉、维护法治和保障人权等功能。反腐败是当下重要功能,保障人权功能是其终极价值功能,维护法治是辅助功能。维护法治功能和保障人权功能的实现是反腐败功能的实现的基础性工作。当然,这些功能的定位,需要配置相应的职权,也需要设置相应的内部机构,同时还要处理好监察委员会同其他国家机关的关系。

国家监察体制改革给检察机关带来的影响和机遇

李　成*

内容提要　国家监察体制改革将对检察机关带来以下影响:职能定位更加清晰、监督部门得到加强、监督主业得以彰显以及工作效率明显提升。同时,监察体制改革也会给检察机关带来如下机遇:检察职能得以全面充分切实履行、检察机关与监察、公安、法院的新型关系得以构建、检察队伍素质得以提高。

关键词　监察体制改革　检察监督　检察职能　队伍建设

党的十八大以来,党统一领导下的党风廉政建设和反腐败斗争不断深入,加快建立和完善反腐败工作制度体系被提到新的高度。2016 年 12 月 25 日,全国人民代表大会常务委员会第二十五次会议通过《关于在北京市、山西省、浙江省开展国家监察体制改革试点工作的决定》,明确要求进行国家监察体制改革,实现对行使公权力的公职人员监察全覆盖。

国家监察体制改革是事关全局的重大政治改革,是国家监察制度的顶层设计,其目标是建立在党统一领导下的国家反腐败工作机构。我们必须提高站位和认识,理性对待这次改革,把思想统一到中央的决定和部署上来,准确把握新

* 李成,无锡市人民检察院工作人员,法学博士。

形势对检察工作的影响,以忠诚和担当继续做好工作,使职务犯罪侦查和预防工作圆满收官,相应机构和人员顺利交接。

一、监察体制改革给检察机关带来的影响

2017 年,检察机关面临监察体制改革的新形势,"检察机关近三分之一的职权、人员机构和编制转移至监察委,短期内可能对检察院造成一些影响"。[1] 随着三个试点省市监察体制改革如火如荼展开,作为改革重要参与者的检察机关必须顺应形势,凝聚共识,立足长远,清醒地认识改革将带来的影响。

(一)检察机关作为司法机关的定位将更加清晰

从各国检察历史看,检察权的产生迟于其他国家权力,世界各国的检察制度亦存在很大差异。就我国情况而言,学界一直对检察权属于司法权或行政权众说纷纭,这与检察机关集侦、捕、诉、监等各项职能于一身不无关系。我国《宪法》第 134 条规定:"中华人民共和国人民检察院是国家的法律监督机关。"从宪法文本出发,检察机关的核心职能是确保国家法律统一正确实施,检察权的性质是司法权。但是,职务犯罪侦查权具有行政权属性,与检察权设置的初衷存在结构上的紧张关系。检察机关长期以来的运作模式呈现司法机关和行政机关双重特点,侦、捕、诉合一的办案模式不符合刑事诉讼的现代法治精神,有悖于权力制衡的原则。[2] 监察体制改革让检察机关的行政属性明显淡化,从根本上改变了刑事司法中为人诟病的"既当运动员又当裁判员"问题,保留的审查逮捕、提起公诉、对个案适用法律等各项检察活动具有鲜明的司法特征,充分体现了侦查、公诉、审判独立运作、相互制约的控权法则,司法属性和监督属性更为凸显。

(二)检察机关的监督部门将得到加强

从以往的实践来看,检察机关对被监督对象有着利益的触碰,监督成本高,

---

〔1〕 马怀德:《国家监察委与纪委合署办公,不会成为超级机构》,载《南方都市报》2016 年 11 月 30 日。

〔2〕 参见吴健雄、李春阳:《健全国家监察组织架构研究》,载《湘潭大学学报》2017 年第 1 期。

风险大。比如,在刑事诉讼监督方面,监督内容包括立案监督、侦查监督、审判监督与执行监督等,但检察机关缺乏直接的终局处理权。改革后经过检察机关内部的机构调整和监督手段的创新,其监督效果从公安机关自我纠正、有关部门的最终处理、法院的再审或最终裁决,可以深化为引导指挥侦查和对法院不纠不改的再监督。在民事行政诉讼监督方面,检察机关也没有最终的处分权,监督的手段一般是检察建议和抗诉。这种非终局的特性,使法律监督的效能不具有强硬姿态。因此,保留检察机关部分侦查权,成为检察机关保证法律监督权有效行使的一种保障。在剥离职务犯罪侦查权后,检察机关必须进一步增强监督手段的刚性,补齐监督短板,深耕监督主业,集中精力、人力、物力,进一步完善检察建议等法律监督的制度保障,拓展监督内涵,推动监督手段在立法范畴得到细化和落实,实现监督权的合理扩张。同时,在具体运用监督手段时,面对熟悉本部门法律、拥有话语优势的监督对象,检察机关要通过专业化的司法素养,来提升法律监督的能力和水平,不断提高检察机关法律监督地位和社会影响力。

(三)检察机关的监督主业得到彰显

《宪法》第136条规定:"人民检察院依照法律规定独立行使检察权,不受行政机关、社会团体和个人的干涉。"从理论上来说,社会运行中的一切法律行为,检察机关都可进行监督。在依法治国的背景下,民事行政诉讼呈爆发式增长,而诉讼中的违法情况仍时有发生。现实中,重刑轻民的问题仍然存在,除刑事诉讼可以进行全程监督外,检察机关对民事行政诉讼的监督、行政违法行为的监督等,法律只赋予了职权,并没有相应的操作程序规定,以致实践中普遍存在职权虽大而监督能力不足的问题,民行监督均带有一定的偶然性和随机性。在职务犯罪侦查职能转移至监察委后,仍然保留在检察机关的一些内设机构职能将面临重新调整,如刑事执行、控申、技术、法警等部门,其业务与自侦业务脱钩,从服务于自侦办案转化为服务于诉讼监督,主业得到进一步加强。民事、行政检察监督作为"十四检"确立的今后五年监督职能拓展的重要组成部分,具有了更多发展潜力与空间,通过构建多元化检察工作格局,民事、行政检察监督从"副业"变成"主业",从"被动"变为"主动"。此外,人民监督员制度、职务犯罪侦查批捕权上提一级等制度失去了续存的基础,也必然发生新的变化,产生新的内涵。

(四)检察机关的工作效率将明显提升

紧锣密鼓的司法责任制改革、员额制改革尚在进行时,国家监察委的组建又将涉及大量干部队伍的变动。以北京市检察系统为例,北京市监察委成立后,区级监察委筹备工作也随之进行,北京市全市检察院四分之一到五分之一的人员都面临着工作的调动。[1] 这些接踵而来的改革都与干警的切身利益相关,与一部分自侦和预防干警的去留相关,如何确保思想不乱、工作不断、队伍不散,是现实中不可回避的问题。在转隶完成后,因种种限制未转隶的干警应当如何调配,如何做好内部消化,如何与分类管理和即将推开的"大部制"改革进行衔接,也应提前思考,及早规划。在经历改革的洗礼后,检察队伍将更为忠诚,理想信念将更为坚定,优秀人力资源将被集中到一线,检察官、检察官助理、司法行政人员三类人员各司其职,在架构上将更趋合理,办案效率将明显提升。

二、国家监察体制改革给检察机关带来的机遇

"惟改革者进,惟创新者强,惟改革创新者胜。"[2]监察体制改革是对反腐败资源的整合,给检察机关带来挑战的同时,也孕育着机遇。检察机关在旗帜鲜明地支持和拥护改革时,更要把握定位,聚焦主业,大力发展监督职能,不断丰富监督手段和内容,强化法律监督权的落实,在全面依法治国中展现新作为。

(一)牢牢把握职能定位,以高度的政治担当履行好检察职能

全面树立宪法意识,以具有最高效力的宪法规范作为履行法律监督的根本遵循。

---

〔1〕 参见李张光:《北京成立监察委背后的"首善标准"》,载《民主与法制时报》2017年2月14日。

〔2〕《习近平在2014年亚太经合组织工商领导人峰会上开幕式上的演讲》,载《人民日报》2014年11月9日。

1. 牢牢把握检察机关的宪法定位

我国《宪法》把检察机关确立为国家法律监督机关，这是中国司法制度乃至政治制度的重要特色，是党和国家为保障宪法法律统一正确实施而作出的重大制度设计。我国的宪法文本对检察机关宪法地位的规定集中表现在《宪法》中的五个条文中，其第134条规定："中华人民共和国人民检察院是国家的法律监督机关。"检察机关的地位是由最高权力规范《宪法》明确规定的，要坚决维护检察机关的宪法地位。检察权独立行使原则也强调了检察权行使的专属性和相对性。专属性是指行使检察权的主体身份是独立的，主要指检察院的独立，即在国家权力的分工中，检察权只能由人民检察院行使，其他任何机关不得行使。

2. 牢牢把握检察机关的司法机关定位

《宪法》将法院和检察院等同视为行政机关之外的司法机关，党中央的重要文件根据《宪法》规定的精神也一再强调这一基本观点。我们必须通过充分履行诉讼监督职能，凸显检察机关的司法机关地位。在三大诉讼中，检察机关主要参与刑事诉讼，行使的检察权包括侦查权、批准逮捕权、公诉权以及对诉讼的法律监督权等，其中核心的权力是法律监督。在民事诉讼和行政诉讼中，检察机关主要通过对已生效裁判的抗诉进行诉讼法律监督。由上可见，我国检察机关的基本职能就是进行诉讼活动和对诉讼活动进行法律监督，司法机关的定位名实相符。

3. 牢牢把握法律监督者的角色定位

检察权的本质属性就是法律监督权，是由权力机关授予并受其监督的。全国人民代表大会赋予人民检察院专司法律监督这种监督职责，既有历史的原因，也受到我国传统文化的影响，更是我国权力设置与运行的必然选择。[1] 法律监督是我国权力机关赋予检察机关的特殊权力，其目的是纠正违法，保障《宪法》和法律统一完整的实施。回归《宪法》规定，切实履行宪法典规定的法律监督职

---

〔1〕 参见樊崇义：《简论法律监督与检察改革》，载《河南社会科学》2010年第2期。

责,是法治国家建设对检察机关职权行使的必然要求,检察机关应当清醒地认知自身的宪法地位及权力范围,自觉地扮演好法律监督机关的角色。

(二)主动聚焦监督主业,全面均衡履行各项法律监督职能

要以此次国家监察体制改革为契机,全面均衡开展各项法律赋予的监督职能。

1. 转变监督理念,补齐"短板"

"重刑轻民"的思想始终贯穿于中国古代法律制度,其经济基础是封建小农经济。在社会主义市场经济制度日益完善的今天,民事规范在维护社会生活秩序方面扮演了更为重要的角色。检察机关历来的工作重心都放在打击犯罪和查办国家工作人员的职务犯罪行为上,对民事、行政诉讼活动的监督相对薄弱,必须尽快补齐"重刑轻民""短板",增强做好民行检察工作的责任感和使命感,及时解决民行检察理论与实践问题,形成更加科学合理的工作布局。

2. 全面加强刑事检察监督

强化刑事侦查活动监督,从源头预防冤假错案。强化审判监督,构建以抗诉为中心的刑事审判监督格局,依法履行对审判活动进行监督的法定职责。强化裁判审查,完善抗前指导,提高办案效率和抗诉水平。持续强化刑事执行检察监督,深入推进集中清理判处实刑罪犯未执行刑罚专项活动,建立纠防久押不决案件长效机制,深入推进财产刑执行检察监督工作。进一步强化死刑复核法律监督,保障死刑适用的公正、统一。

3. 大力推进民事检察监督

对《民事诉讼法》"人民检察院有权对民事诉讼实行法律监督"的规定进行充实细化,把整个民事诉讼活动均纳入检察监督范围之内,推动健全多元化民事检察监督格局。要赋予检察机关开展民事监督的基本手段,如阅卷权、调查取证权、出席庭审权,对法庭审判活动是否合法实行监督,保证检察机关能够对民事案件的案情更好对接,并对审判机关案件处理情况进行监督。

4. 积极探索行政检察监督

要进一步扩充检察机关对行政诉讼的监督范围,把整个行政诉讼活动均纳

入检察监督之中。统筹推进行政生效裁判、审判程序和执行活动监督，深入研究论证行政违法行为监督和行政强制措施监督改革，探索建立行政执法与行政检察衔接平台，完善行政检察与行政复议衔接机制。对实践中初见成效的检察建议、纠正违法通知、行政和解等方式，应在立法层面予以明确。大力探索检察机关提起行政公益诉讼制度，保护国家和公共利益。

5. 进一步深化控告申诉检察监督

畅通信访受理入口，实现“信、访、网、电、视频”全面融合，健全重大刑事申诉案件异地审查机制。更加重视办好刑事赔偿案件，积极稳妥开展国家赔偿监督工作。

6. 稳步推进未成年人检察监督

积极参与校园欺凌专项治理，对犯罪性质和情节恶劣、手段残忍、后果严重的，必须坚决依法惩处。深入开展“法治进校园”全国巡讲，严格落实未成年人刑事诉讼特殊程序，推进对未成年人的综合保护。认真总结实践经验，不断丰富未成年人犯罪预防社会化工作体系的检察内涵，完善未成年人检察监督新格局。

（三）构建完善四对关系，放大监察体制改革和诉讼制度改革的拉动效应

监察体制改革与以审判为中心的诉讼制度改革的推进，将对检察体制机制创新产生积极的叠加效应。检察机关要积极完善四对关系，探索推进实质化司法审查，由“卷宗为中心”转向“证据复核为中心”，有效防止冤假错案，树立司法权威。

1. 构建新型检监关系

深入贯彻中央关于监察体制改革试点精神，准确适用相关法律政策，加强对检察、监察委两家业务衔接的研究，主动应对职务犯罪案件办理过程中诉讼程序衔接问题，统一重大疑难复杂案件的证据认定、法律适用的标准，推动监察体制改革向纵深发展。筹备建立职务犯罪检察部门，在职务犯罪案件调查终结移送检察机关审查起诉前，建立由监察机关统一审核、统一出口和检察机关统一受

理、统一起诉的工作机制,[1]统筹协调并全面办理监察委员会移送的案件,在遏制腐败增量、减少腐败存量方面形成强大的工作合力。

2. 构建新型检警关系

"'以审判为中心'是针对刑事司法实践中存在的过分看重案卷移送的侦查中心主义倾向提出来的,不是对法、检、公三机关的'分工负责、互相配合、互相制约'关系的否定,而是对其存在一定不足的弥补和完善。"[2]探索设立驻派出所检察室(官)制度,建立统一的侦查活动监督平台。积极推进重大疑难案件侦查机关听取检察机关意见的新模式,对于重大、疑难、复杂案件,检察机关可在与侦查机关协商的基础上,通过介入现场勘察、参加现场讨论等方式,提出取证和法律适用意见,引导甚至指挥侦查机关有效、及时、全面取证,坚决纠正违法取证、不规范取证问题,提高证据质量。

3. 构建新型检律关系

长期以来律师的职能、辩护作用在庭审中处于弱势,改革要求我们对律师在司法中的作用进行重新认识和定位。检察机关要充分认识检察工作与刑事辩护的相容性,与律师各司其职,对抗不对立,实现司法公正的价值目标。因此,要通过检务公开、保障阅卷权、会见权等方法,确定专门机构处理律师申诉控告,促进辩护权依法正确行使;提高严格规范公正文明司法能力。

4. 构建新型检法关系

"五部委"已经颁布关于实施以审判为中心的刑事制度改革文件,明确了相关的规则,检察机关应当适应"以审判为中心"的刑事司法制度改革,积极构建新型检法关系,加强在"以审判为中心"的诉讼过程中的作用和地位,更重要的是要探索如何在"以审判为中心"的司法改革中,强化法律监督,确保这项制度

---

[1] 参见沈思:《国家监察体制改革中法治保障初步思考》,载《中国纪检监察报》2017年2月15日。

[2] 陈光中:《以审判为中心与检察工作的新挑战》,载《国家检察官学院学报》2016年第1期。

落实到位，使检法关系的重点放在让人民群众在每个案件中感受到公平正义上，放在维护法律统一正确实施上。

（四）全力打造正规化、专业化、职业化的检察队伍

要把改革作为一项重大政治任务，切实担负起改革配合者推动者的职责使命，不折不扣确保完成。同时认真贯彻习近平总书记关于建设过硬政法队伍的要求，强化政治担当，建设高素质检察队伍，确保中央部署要求落地生根。

1. 进一步加强正规化建设，向政治合格要战斗力

要组织干警认真学习党章党规、党的十八大和党的十八届历次中央全会精神、习近平总书记系列重要讲话，宣讲政策，释疑解惑，引导干警吃透领会改革精神，努力向党中央看齐、向党的理论看齐、向党的路线方针政策看齐，自觉与以习近平总书记为核心的党中央保持高度一致，切实做到在改革中服从命令、听从指挥、令行禁止、步调一致。深化全面从严治党、从严治检各项要求，认真执行和自觉遵守各项纪律作风规定，不办关系案、人情案、金钱案，坚守不发生任何违纪违法案事件的底线，永葆检察人员政治合格的本色。

2. 加强专业化建设，向员额制和分类管理要战斗力

打铁还需自身硬。司法体制改革、办案责任制改革和国家监察体制改革，对检察机关提升履职水平提出了很高要求，打造专业化的检察官队伍和办案组织势在必行。要坚持检察官队伍专业化建设，健全适应司法体制改革后检察工作特点的司法管理机制，建立专业化办案组织和办案模式，优化检察官队伍结构，努力提升司法公信力和人民群众满意度。实行检察人员分类管理，将保障机关运转的司法职能和行政职能分化出来，以人员分类为主线，凸显司法属性，把涉及业务工作的检察官、检察官助理、书记员、司法警察做为四个子类，把未转隶的职务犯罪侦查和预防部门干警统一归口管理，按照业务与政务相结合的原则，规范、合理调配使用，缓解案多人少的矛盾。

3. 加强职业化建设，向职业保障要战斗力

检察队伍职业化，是司法公正、司法效率和司法独立的必然要求，是保障实

现司法公正与效率目标的关键环节。要建立起科学的绩效考核制度,对人员进行分类考核,对案件质量实行动态考核,使考核成为提升素质和业务能力的重要杠杆。要建立员额内检察官业绩评价体系,对各层级检察官的办案数量、工作质效等提出要求。健全检察官退出员额机制,建立一套与检察官职业化相适应的单独职务序列,促进检察官依法履职。要健全司法责任和责任追究制度,综合考虑不同层级检察机关、不同业务类别的性质和特点,制定权力清单,进一步严格责任追究制度,真正实现权、责、利相统一。

主题四　行政法基本理论

浅谈行政机关信访答复意见的可诉性问题

——两则案例引发的思考

祁　琦* 陆晔芸**

内容提要　随着现代服务行政理念的不断深化，政府角色的重新建构提升了公民保护个人合法权利的维权意识。相比行政诉讼、行政复议等严格规范化的救济方式，信访制度突破了司法程序限制，提供了多样化的救济手段。也正是由于信访受理范围的宽泛性，公民信访与行政相对人申请行政机关履行职责并无明确界定。实践中，少数行政机关将行政相对人提出的履行职责申请以信访的形式加以受理并答复，以此规避司法审查。而司法机关对于区分信访事项与履职申请行为存在分歧，造成相对人的行政监督权无法得到有效的司法救济。

关键词　信访　救济　可诉性　履行职责　权利义务

一、问题的提出

案例1：2012年5月20日，罗某荣在吉安市吉州区井冈山大道电信营业厅办理手机号码时，吉安电信公司收取了原告20元卡费并出具了发票。罗某荣认

---

* 祁琦，江苏金渠律师事务所律师。

** 陆晔芸，江苏金渠律师事务所律师。

为,吉安电信公司收取原告首次办理手机号码的卡费,违反了《集成电路卡应用和收费管理办法》中不得向用户单独收费的禁止性规定,故向被告吉安市物价局申诉举报,并提出要求被告履行法定职责进行查处和作出书面答复等诉求。被告虽然出具了书面答复,但答复函中只写明被告调查时发现一个文件及该文件的部分内容,在答复函中并没有对原告申诉举报信中的请求事项作出处理,被告的行为违反了《中华人民共和国价格法》《价格违法行为举报规定》等相关法律的规定。原告请求法院确认被告在处理原告申诉举报事项中的行为违法,依法撤销被告的答复,判令被告依法查处原告申诉举报信所涉及的违法行为。法院生效裁判认为:关于吉安市物价局举报答复行为的可诉性问题。吉安市物价局依法应对罗某荣举报的吉安市电信公司收取卡费行为是否违法进行调查认定,并告知调查结果,但其作出的举报答复将《关于江西电信全业务套餐资费优化方案的批复》中规定的 UIM 卡收费上限标准进行了罗列,未载明对举报事项的处理结果。此种以告知《批复》有关内容代替告知举报调查结果的行为,未能依法履行保护举报人财产权的法定职责,本身就是对罗某荣通过正当举报途径寻求救济的权利的一种侵犯,具有可诉性,属于人民法院行政诉讼的受案范围。

案例 2:2014 年 1 月 29 日,原告无锡市梁宏塑料厂与无锡市锡山区兴鑫农村小额贷款有限公司签订借款合同,约定无锡市梁宏塑料厂向其借款 300 万元。2015 年 5 月 9 日,无锡市梁宏塑料厂向无锡市政府金融办公室递交检举信,反映小贷公司故意不履行贷前审查义务、虚构贷款目的,甚至在放贷后再补办贷款手续,严重违反国家金融管理政策,要求金融办按照《江苏省农村小额贷款公司监督管理办法》履行职责并及时函告处理结果。因市金融办无回复,无锡市梁宏塑料厂以市金融办未对其信访请求书面答复为由,提起行政诉讼。法院生效裁判认为,原告提出相关投诉请求,属于《信访条例》第 2 条规定的信访行为,金融办依据《信访条例》处理信访事项的行为,对原告的实体权利义务不产生实际影响,故驳回原告的起诉。

上述两起案件中,相关行政机关针对原告的投诉,既未明确投诉请求是属信访申请还是履职申请,更未作出具体查处工作,即处理。公民的行政监督权、行政救济权均未得到充分保障。两案均因信访答复引发诉讼,虽事实不同,但性质相当,然裁判结果截然不同。如何正确认识信访职责行为与信访履职行为,是本文主要探讨内容。

二、信访的相关概念

信访,[1]是指公民、法人或者其他组织采用书信、电子邮件、传真、电话、走访等形式,向各级人民政府、县级以上人民政府工作部门反映情况,提出建议、意见或者投诉请求,依法由有关行政机关处理的活动。

信访类型大致可以分为两类:[2](1)批评、建议式信访。它包括反映情况,提出建议、意见等信访活动。这种类型的信访内容,通常与信访个人权益没有直接关系,或者说,它是一种公益性信访,此种类型的信访是国家与人民之间信息沟通的方式之一,也可以看做人民参政议政的法定形式。(2)行政救济式信访,即投诉请求。这是信访人为了自己的权益向有法定职权的行政机关提出保护其权益的一种请求。这种信访方式多为申诉、控告和检举,此种信访往往会与行政复议、行政诉讼等行政救济程序发生竞合。

信访答复,[3]是指各级人民政府或政府工作部门授权负责信访工作的专门

---

〔1〕 参见《信访条例》第2条。

〔2〕 参见章剑生:《论信访处理行为的可复议性——基于〈信访条例〉有关规定所展开的解释》,载《法商研究》2011年第6期,第6页。

〔3〕 最高人民法院(2005)行立他字第4号《关于不服县级以上人民政府信访行政管理部门、负责受理信访事项的行政管理机关以及镇(乡)人民政府作出的处理意见或者不再受理决定而提起的行政诉讼人民法院是否受理的批复》规定:"一、信访工作机构是各级人民政府或政府工作部门授权负责信访工作的专门机构,其依据《信访条例》作出的登记、受理、交办、转送、承办、协调处理、监督检查、指导信访事项等行为,对信访人不具有强制力,对信访人的实体权利义务不产生实质影响。信访人对信访工作机构依据《信访条例》处理信访事项的行为或者不履行《信访条例》规定的职责不服提起行政诉讼的,人民法院不予受理。""二、对信访事项有权处理的行政机关根据《信访条例》作出的处理意见、复查意见、复核意见和不再受理决定,信访人不服提起行政诉讼的,人民法院不予受理。"

机构,即信访工作机构,依据《信访条例》作出的登记、受理、交办、转送、承办、协调处理、督促检查、指导信访事项等对信访人不具有强制力,对信访人的实体权利义务不产生实质影响的行为。

三、信访答复可诉性问题分析

最高人民法院《关于适用〈中华人民共和国行政诉讼法〉的解释》[1]第1条第9款明确规定,行政机关针对信访事项作出的登记、受理、交办、转送、复查、复核意见等行为,不属于人民法院行政诉讼的受案范围。

最高人民法院(2005)行立他字第4号复函中已清晰认定,信访行为不可诉,并原则性概述了理由,即信访行为对信访人不具有强制力,对信访人的实体权利义务不产生实质影响。

《最高人民法院关于进一步保护和规范当事人依法行使行政诉权的若干意见》第14条[2]亦明确,信访工作机构依据《信访条例》作出的处理意见、复查意见、复核意见或者不履行《信访条例》规定的职责的信访答复行为不属于行政诉讼受案范围,但信访答复行为重新设定了当事人的权利义务或者对当事人权利义务产生实际影响的除外。

从法理根源上看,信访答复行为不可诉,其理由在于:信访工作机构对于信访事项的信访处理,对信访人的权利义务一般不产生实质影响。然而在实践中,信访人的信访形式多样,诉求繁杂,不仅有信访事项,还有履职申请、政府信息公开等情形,部分信访工作机构针对信访人的来信,不区分其是请求保护自身合法

---

〔1〕 最高人民法院《关于适用〈中华人民共和国行政诉讼法〉的解释》,2018年2月6日发布,2018年2月8日实施。

〔2〕 《最高人民法院关于进一步保护和规范当事人依法行使行政诉权的若干意见》第14条,要正确区分当事人请求保护合法权益和进行信访之间的区别,防止将当事人请求行政机关履行法定职责当作信访行为对待。当事人因不服信访工作机构依据《信访条例》作出的处理意见、复查意见、复核意见或者不履行《信访条例》规定的职责提起诉讼的,人民法院依法不予立案。但信访答复行为重新设定了当事人的权利义务或者对当事人权利义务产生实际影响的,人民法院应当予以立案。

权益还是进行信访,即纳入信访流程进行处理。对于确属信访事项,信访工作机构的相关职责行为不可诉毫无疑问,但对于来信属履职申请、政府信息公开申请等情形的,即使纳入信访流程,冠以信访名义,也仅是"形式"上的信访答复行为,系信访工作机构借信访答复之名行行政管理之实以规避司法审查的行为。

区分信访答复意见系信访职责行为,还是信访履职行为,须从该答复的实体性质来考量,主要包括以下几方面:

1. 主体标准

作为可诉性信访事项办理意见的主体必须是具有国家行政职权的行政机关或法律法规授权的组织,立法机关、司法机关、党的机关等作出的信访事项办理意见不具有可诉性,即主体必须符合行政诉讼的主体要求。

2. 内容标准

可诉性信访办理意见的内容必须与国家行政管理职权的行使有关。

3. 实质标准:信访答复的结果与相对人具有利害关系

可诉性信访回复(答复)行政行为必须是行使与国家行政管理职权有关的行为。处理结果是否对当事人权利义务产生实际影响是判断是否可诉的实质性标准,可诉信访事项办理意见直接涉及当事人的具体权利义务,且对当事人权利义务产生了实际影响,不对相对人权益产生影响的信访答复不具有可诉性。

4. 关于所引用法律依据的审查

可诉性信访事项办理意见所引用的是特定行政管理领域的法律、法规或者规章,而不是《信访条例》的规定,即对于行政机关以信访答复的形式行使《信访条例》规定之外行政管理法上职权的行为,不能因其在信访程序中作出而将其排除于行政诉讼受案范围之外。

5. 申请事项可诉

审查申请事项是要求履行行政管理职责,还是要求履行办理信访事项的职责,后者则可排除在行政诉讼受案范围之外。

四、信访制度现存问题及建议

笔者在无讼网上以“信访答复”为关键词搜索行政案例,检索到的法律文书共有9776篇,其中以“不履行法定职责”为案由的案件有1717篇,有将近半数是驳回的裁定,亦有近半数的案例经过不止一审。笔者以其中一部分案情为样本,发现信访情况复杂多样,主要体现在以下几个方面:(1)信访表现形式多样。越级上访多、重复上访多、边诉边访多、多头上访多。(2)信访群体弱势化。信访当事人以农民居多。(3)信访内容复杂化。涉及城市改造、非法拆迁、乱建房、土地出让、非法融资、刑事民事判决、社会保障等多个领域。(4)信访当事人文化水平有限。对法律和政策的认识有偏差,“信访不信法,信闹不信理”,甚至四处申诉,对信访部门抱有仇视态度。(5)信访时间跨度大。部分复杂案件长达数十年,新老问题交织在一起,处理不好将产生负面影响。

综上所述,基于历史和现实的原因,人们更习惯于通过信访方式解决问题,然而由于理论研究和制度建设的缺失,现今的信访制度仍存在不规范之处,也易成为行政机关借以不作为、规避司法审查的手段。对信访制度完善问题,笔者有如下建议:

1. 深入研究,完善法律

加强对信访制度的理论研究,同时注重实务调研,将理论与实践相结合以完善相关法律法规,注重同民生领域的法律、法规衔接,特别是社会矛盾集中领域,如国土规划、城建、人力社保、环境资源等方面。

2. 创新机制

完善机构建设,配齐配强人员,改善信访工作条件,定期开展人员培训,组织专家对信访工作人员进行信访工作法律法规业务培训,提高信访干部队伍的业务素质、业务能力和水平,提升信访干部处访能力。健全信访制度,完善工作机制,落实工作职责,规范信访工作机构,统一信访答复形式,规范化开展信访工作。

3. 强化监督

完善对信访工作机构的检察监督制度，各级信访工作机构应定期向本级人民政府提交信访情况分析报告，对受理、答复及后期反馈情况进行系统化分析。立法机关、司法机关、执法机关可合作设立巡察小组，开展对信访工作机构定期现场调研巡察活动，贯彻实施自检自察与司法监察相结合的监督方式。

五、结语

习近平于中央政法工作会议上指出，维权乃维稳之基础，维稳之实质是维权，要求善化对维护群众正当权益具有关键作用的制度，增强法律于化解纠纷中的权威地位；明确指出法治不仅要求完备的法律体系、执法机制、法律遵守，亦要求公允正义得到维护和实现，要求政法机关坚持法律面前人人平等，以实现行动保障社会公允正义。

信访制度作为一项具有中国特色的政府与民众沟通的方式，对公民而言，或是一种行政性的补充救济手段，或是一种诉求表达机制，或是陈述意见、建议、投诉的平台；对行政机关而言，是了解民意、倾听民声的渠道。故当与时俱进，以最大限度地发挥信访在化解矛盾纠纷中的积极作用。而信访答复意见是否可诉，司法机关应当从实体上审查行政机关对信访事项的处理是否合法，不可一概而论。

行政法上不停止执行原则的思考*

张　燕**

内容提要　行政法上的不停止执行原则是行政救济制度中的一项特有原则。在域外制度设计中,不论是不停止执行制度还是停止执行制度,都是暂时性权利保护措施,原则上都是在行政救济过程中实现相关合法有效的权益。在我国,行政法上的不停止执行制度注重追求行政效率,更多的是实现对公共权益的保障,缺乏对公民个人权益有效的维护。我国立法因现实社会的需求,应针对立法上出现的冲突予以修正,明确对公民权益的保护,实现法律公正,在此基础上确立行政救济中的停止执行制度。

关键词　行政行为　不停止执行　停止执行制度　思考

一、问题的提出

不同的文化土壤孕育出不同的法治理念和历史传统,由此各国形成了不同的行政法制度,而(不)停止执行原则在行政法上尤为突出。笔者将通过一个案例来具体阐释我国行政法上不停止执行原则在司法实践过程中遇到的问题。在龙南县龙南镇龙洲村东胜围小组,原告廖某耀的房屋在2011年被被告龙南县人

---

* 该文曾发表在《法制与社会》2017年第36期。在此发表时,作者对该文进行了扩写,特此说明。

** 张燕,甘肃政法学院丝路法学院,硕士研究生。

民政府纳入批复同意建设县第一人民医院项目拆迁范围。就拆迁安置补偿事宜,龙南县人民政府工作人员多次与廖某耀进行协商,但因意见分歧较大,双方未达成协议。2013 年 2 月 27 日,龙南县国土及规划部门将廖某耀的部分房屋认定为违章建筑,并下达自行拆除违建房屋的通知。2013 年 6 月 13 日,龙南县人民政府作出龙征补决字(2013)第 04 号《房屋征收补偿决定书》。原告廖某耀不服,向赣州市人民政府申请复议,赣州市人民政府维持了龙南县人民政府作出的房屋征收补偿决定,复议期间不停止执行。龙南县人民政府在未按照《行政强制法》的相关规定进行催告,未作出强制执行决定,未告知当事人诉权的情况下,组织相关部门对廖某耀的违建房屋实施强制拆除,同时对拆迁范围内的合法房屋也进行了部分拆除,导致该房屋丧失正常使用功能。之后,原告提起行政诉讼,后安远县人民法院确认龙南县人民政府拆除廖某耀房屋的行政行为违法。[1]

上述案例属于典型的复议期间具体行政行为不停止执行,而最后该行政行为被确认违法的情况。而在法治不断推进的过程中,这样的司法案例层出不穷,尤其是在房屋拆迁、行政强制、行政处罚领域。自 1989 年颁布《中华人民共和国行政诉讼法》时,我国行政法上就确立了非常重要的一项法律制度,即不停止执行制度。不停止执行原则关注社会利益大于私人利益,重视行政效率高于法律公正,在中国相关赔偿与补偿制度并不完善的基础上,增加了行政相对方合法权益丧失的风险,并不能很好地解决行政主体与行政相对人之间的矛盾,给司法实践带来了很多的难题,因此,理论界主张修改该原则的声音颇为强烈。[2] 但是,不停止执行的含义究竟应该怎么理解?修正该原则的标准和理由是什么?法治环境下有无修正的可行性?而本文就在不停止执行原则的内涵及理论依据的基础上,来具体阐释是否以及如何修正该原则。

---

〔1〕 参见廖某耀与龙南县人民政府一审行政判决书,载最高人民法院裁判文书网,http://wenshu.court.gov.cn。

〔2〕 参见黄学贤:《行政诉讼中的暂时性法律保护制度探讨》,载《东方法学》2008 年第 4 期。

二、不停止执行原则的内涵及历史渊源

(一)不停止执行原则中执行力的内涵

《中华人民共和国行政复议法》第21条规定:“行政复议期间具体行政行为不停止执行;”《中华人民共和国行政诉讼法》第56条也规定:“诉讼期间,不停止行政行为的执行。”由此就确立了我国行政法上一项非常重要的原则,即不停止执行原则。学理上对不停止执行原则的定义是,行政行为在由行政主体作出时,自然地产生法律效力,不因当事人申请司法救济而停止执行。[1] 我们知道,行政行为在分类上存在具体行政行为与抽象行政行为的划分,此时理论界就抽象行政行为是否存在执行力问题产生分歧。对此,笔者认为,抽象行政行为的特征是针对不特定主体反复适用,更多的是指制定法规、规章和有普遍约束力的决定、命令等行政规范文件,在不与行政相对人碰撞接触时,其本身并不会产生相应的法律后果。而执行力是指“行政行为的内容得以实现的法律效力”。[2] 其中,行政行为的内容不外乎权利义务,因此,行政行为的执行力必须立足于有可执行的行政行为。从而可以得出结论,不停止执行原则中的执行力是针对具体行政行为,而非抽象行政行为。[3]

那么,此时又会产生一个问题,即执行力是单指权力主体强制执行的效力,还是也包括义务主体自觉履行义务的效力。学理上,通说认可的具体行政行为的效力包括公定力、拘束力、执行力,其中拘束力是指行政行为的内容约束行政法律关系的双方当事人;公定力是指行政行为一经作出自始有效,未经法定程序变更或者撤销前,公民和组织不得否认行政行为的效力;执行力如上所述。传统行政法学认为,行政行为的拘束力和执行力来自于行政行为的公定力。由此可

---

〔1〕 参见毛玮:《论行政行为的先定力》,载《行政法学研究》2005年第3期。

〔2〕 参见叶必丰著:《行政行为的效力研究》,中国人民大学出版社2002年版,第142~143页。

〔3〕 参见叶必丰:《论行政行为的执行力》,载《行政法学研究》1997年第3期。

见,行政行为的执行力是权力主体单方对义务的履行方强制执行的效力。[1] 然而,随着民主意识、权利观念深入人心,片面强调公权力权威性的公定力,严重违背法的公正价值,已经缺乏其存在的法律基础。根据自然法的精神,笔者认为,执行力不仅包括强制执行的效力,而且包括义务主体自觉履行义务的效力。

(二)我国不停止执行原则的历史渊源

哲学上讲,存在即合理,那么每一种原则的提出都是对社会现实需求的一种政策性选择。正如"公共选择之父"布坎南所说,从经济的角度而言,一国的法律政策,其在立法的当时是符合一国的社会阶段和法治进程的,其原则的选择中所蕴含的价值导向、理论追求是满足以最小的投入获得最大产出这一理念的,至少在当时的西方,它弥补了"政府失灵"。[2] 这也符合古希腊哲学家亚里士多德所指出的,行政是对国家事务中各种政策法令的具体管理与执行,所以在行政法上最早的行政理念是"管理论",即强化政府和行政权对社会单方的控制,以管理为本位。"二战"后,日本面对国内的一片废墟,希望调动广泛的社会积极性,组织力量恢复国家被战争所伤害的元气。为此,统治者更加倾向于社会公共利益的选择,主张国家效率、行政效率,而行政不停止执行原则正好符合这一理念的要求。当时的中国也是经历过战争的大洗劫,一穷二白,新中国的经济建设缺乏良好的国内外环境。此时的社会需要一个强有力的公权力整合社会资源,推动社会经济高速高效发展,也需要集体主义凝聚人心,促进经济发展,尽快摆脱险境。所以,当时的立法意图必然是确保行政管理有效实施,维护公共利益和行政权的权威。另外,中国长期以来的计划经济体制,讲究绝对服从安排,再加上中国几千年来浓厚的官本位思想,从而形成政府机关作出的决定或者命令享有绝对的权威性。《行政诉讼法》《行政复议法》就是在这样的社会转型时期制定

---

〔1〕 参见徐肖东:《行政诉讼停止执行原则的建构路径——〈行政诉讼法〉当确定诉讼停止执行原则》,载《湖州师范学院学报》2013 年第 2 期。

〔2〕 [美]詹姆斯·M. 布坎南著:《公共选择理论》,中国财政出版社 1972 年版,第 43 页。

公布的。由此就确立了行政立法上一项非常重要的法律制度，即不停止执行制度。该制度的确立，就当时立法的社会现状而言，确实缓冲了社会矛盾，以最大的行政效率，进行社会主义大生产，顺应立法时社会经济发展的需要，实现了法的社会价值，对构建社会主义和谐社会具有重要意义。

三、不停止执行原则的理论基础

（一）行政行为的公定力理论

德国行政法之父奥托·麦耶提出"自己确认说"，认为"具体行政行为是国家权威的体现，应予尊重，但对这种尊重是附有条件的，即无权限的行政主体作出的具体行政行为，或者由于内容不明确而不可能实现的具体行政行为，作为自始、当然无效的具体行政行为处理"。[1] 日本学者美浓部达吉继承奥托·麦耶主张并提出"国家权威说"，认为"行政处分行为的公定力也就是指在不能确定行政处分行为是否符合法律规定，即无论该行政行为是否符合相关法律的规定，在有权机关即有权行政机关或者法院对该处分行政行为的效力作出判定以前，作为私权利主体的行政相对人不能凭借自己的判定标准而作出该行政处分行为不合法的判定进而否定该处分行政行为的效力"。[2] 上述理论都是从国家权威性理论出发，认为行政机关是代表国家和社会公共利益行使行政职权的，不允许受到怀疑和挑战，基于对国家权威的尊重，进而对行政行为产生的信赖利益是应当受到法律保护的，故应当推定其行政行为是合法有效的，否则，行政机关就失去了行政权力的基础，社会也将陷入混乱。

（二）行政行为效率性的要求

行政是指"为实现国家目的，运用制定政策、法规、规章、组织实施管理、命

---

〔1〕 参见陶慧：《对我国诉讼不停止执行原则之质疑》，载《法学研究》2013 年第 17 期。

〔2〕 参见许炎：《行政救济法上不停止执行原则的再思考》，载《行政法学研究》2006 年第 1 期。

令、监督制裁等方式执行国家法律和权力机关意志的活动”。[1] 行政与立法、司法是不同的。立法是指有创制权的国家机关或者经授权的国家机关在法律规定的职权范围内,依照法定程序制定、补充、修改和废止法律及其他规范性文件的行为。司法是指国家司法机关依照法定职权和法定程序,具体应用法律处理案件的专门活动。只有行政是为了实现行政目的而进行的连续性的具体活动。行政管理作为一项系统性的工程,效率是行政管理活动的命脉,如果行政行为只因相对人提起了诉讼,其效力即告消灭或中止,不得再予以执行,则行政的连续性、有效性和国家的管理职能将受到严重减损,甚至还会造成相关社会关系的整体不安定。因此,基于行政效率的考虑,不应在提起诉讼的情况下,必然停止行政行为的执行。这符合行政不停止执行原则重视行政效率的要求,有利于行政管理活动的顺利进行,保证法律的秩序。

(三)公共利益优先理论

根据社会契约理论,国家权力的诞生是社会民众与国家签订契约,让渡自己个人权利的一部分给国家,从而形成国家权力。让渡之后剩余的个人权利就是公民权利,因此,公民权利是国家权力的边界。其中,利益衡量理论起源于德国自由法学和利益法学并受到美国现实主义法学影响,主要是解决不同利益之间的冲突,在不同的利益之间作出价值判断和选择,以追求公平正义为目标。[2] 故而,根据法律规定,为了公共利益,国家有权对公民权利进行处分。而行政诉讼法律关系主体所进行的争议实质上是由代表公共利益的政府与由代表私人利益的公民进行力量上的博弈,即公民权利与国家权力之间的角逐。从法治的终极目标而言,立法在利益的衡量过程中,应该偏向于维护最大多数人的利益,从而实现全体人民的权利和利益,最终达到共同的幸福。其中行政行为不停止执行正是个人利益服从整体利益、公益高于私益的体现和要求。

---

〔1〕 参见应松年主编:《行政法学新论》,中国方正出版社1999年版,第5页。

〔2〕 参见陶慧:《对我国诉讼不停止执行原则之质疑》,载《法学研究》2013年第17期。

四、域外行政(不)停止执行制度考察

(一)域外适用情况

1. 德国

德国在经历了黑暗的法西斯统治后,当权者为了不重蹈战争的覆辙,在与公民进行权利斗争后认为应该改变传统的法律制度。他们认为,法的公定力理论违背了法治的基本精神,即正义原则。[1] 故其以权利暂时保护学说、人民主权与基本的人权理论为理论基础,在这一背景下,“权利保护的效率性”被写入了德国宪法。《德国基本法》第19条第4款规定:“任何人的公权利遭受不法侵害时,皆可请求法院救济。”[2]该条既赋予公民诉权,同时又确定人民权利保护的有效性,即针对公权力可能对私权利的侵害应当提供广泛而有效及时的保护措施。这影响到了1960年《德国行政法院法》关于停止执行原则的选择。《德国行政法院法》第80条第1款明确规定,申请复议及确认无效之诉具有中止执行的效力,并规定行政处分因诉愿及撤销诉讼而产生“延若效力”。[3] 由此可见,德国行政法上就确定了“停止执行原则”。当然该法律第80条也对例外情况进行了列举:“(1)公共税捐及费用方面的命令;(2)警察局执行官员不可迟缓的命令和措施;(3)其他联邦法律规定的情况;(4)基于公益或主要考虑一方参与人的利益,行政处分作出机关或诉愿决定机关,特别命令立即执行的情况。”在例外情况中,主要针对法律明确规定的一些需要即时执行的行为和与公共利益相关的情形作出不停止执行的决定。在维护公共利益的同时将公民权利保障放在

---

[1] 参见李欣、王剑:《在比较法视野下论我国的起诉不停止执行原则》,载《法制与社会》2012年第3期。

[2] 参见张占甫:《论行政复议和诉讼期间具体行政行为不停止的执行原则》,载《法制与社会》2013年第11期。

[3] 参见刘蕾:《论我国行政诉讼不停止执行原则》,载《连云港职业技术学院学报》2012年第2期。

首要位置，有利于公民权利的保障和实现。

2. 日本

日本深受行政法管理论的影响，为了维护行政权权威和公共利益，提高行政管理效率，防止行政相对人滥用诉权影响行政管理的连续性和有效性，选择了与德国相反的行政理论。《日本行政案件诉讼法》第 25 条第 1 款规定："取消诉讼之提起，不妨碍处分的效力、处分的执行或程序的继续履行。"由此确立了行政法上不停止执行制度，当然其在坚持不停止执行原则的基础上，也作出了例外规定。《日本行政案件诉讼法》第 25 条第 2 款规定："为避免由于处分、处分的执行或程序的进行而产生的重大损害，在有紧急处置必要时，法院根据申请，可以决定全部或部分停止处分的效力、处分的执行及程序的进行；但是，处分效力如由于处分的执行或程序的继续执行可达到目的时，不可停止。"第 4 款规定："如果停止执行有可能对社会福祉带来重大影响，或就本案来看理由不成立的，则不能停止执行。"[1]但从第 2 款可以看出，若要停止执行，必须满足三个积极要件，即撤销诉讼必须正在进行之中；存在构成停止执行对象的负担处分；为避免发生重大损害而有紧急处置的必要。然而，在具体个案中，这些要件基本上是独立地分别加以认定，实际上，最终决定是否停止执行取决于"诉讼中途如何调整防止原告方面的现状恶化的利益和处分厅方面的早期实现公益的要求"。

3. 美国

随着大陆法系"不停止执行原则"的发展，英美法系国家也有类似的规定。美国联邦行政程序法认为行政决定一旦生效就具有执行力量，不因当事人申请司法审查而停止执行。但由于美国特别的司法审查制，其审查期限过长，容易对当事人造成不可弥补的损害，所以，在相关法条上规定了很多关于"停止执行"的情形、条件以及效力等问题，而这种停止执行并不影响法院的最后判决。例如，《美国联邦行政程序法》第 705 节规定："行政机关为了公正的需要，可以在

---

[1] 参见杨建顺著：《日本行政法通论》，中国法制出版社 1998 年版，第 375～376 页。

司法审查期间推迟它所采取的决定的实施日期。审查法院,包括案件上诉的法院,根据申请向审查法院发出提审状和其他令状的法院在内,在防止不可弥补的损害的必要的条件和限度以内,可以发出一切必要的和适当的命令,在司法审查程序结束以前,推迟行政行为的实施日期,或者保存原状或权利。”当然,行政机关认为必要时,也可主动停止执行。[1] 再者,如果申请人申请停止执行,美国法律要求申请人必须证明其有理由认为自己可能在司法审查中取胜。

4. 我国台湾地区

我国台湾地区“行政诉讼法”第 116 条规定:“原处分或决定之执行,除法律另有规定外,不因提起行政诉讼而停止。”其目的就是维护行政效率,防止行政权瘫痪。[2] 当然,为保障相对人合法权益,在原则之外也规定了例外情况。“行政诉讼法”第 116 条第 5 款规定:“停止执行之裁定,得停止原处分或决定之效力、处分或决定之执行或程序之续行之全部或部分。”且其第 2 款、第 3 款规定,停止执行裁定不仅可以在诉讼进行之中作出,也可以在启动行政讼之前作出,更有效地实现当事人权益救济。停止执行作为例外规定,说明其并不是任意适用的。我国台湾地区“行政诉讼法”第 119 条规定:“关于停止执行或撤销停止执行之裁定,得为抗告。”停止执行关系到其他相关利害当事人的利益保护,因此,需要给予救济的权利,故规定了暂时性权利保护的措施,比如假扣押、假处分制度。[3]

(二)域外经验及启示

1. 行政法上的(不)停止执行原则不是非此即彼的关系,而是呈现相互融合的趋势。通过对域外相关立法的考察与比较,我们可以看出,相关国家在采用不停止执行原则时更多地将关注点放在了对停止执行的例外规定上,而采用停止

---

〔1〕 参见王名扬著:《美国行政法》,中国法制出版社 1995 年版,第 596 ~ 597 页。

〔2〕 参见陈计男著:《行政诉讼法释论》,三民书局 2000 年版,第 727 页。

〔3〕 参见翁岳生主编:《行政法》,中国法制出版社 2002 年版,第 1530 ~ 1533 页。

执行原则的国家则详细地对不停止执行的例外作了规定。何为例外,何为原则,似乎并不是那么泾渭分明,而是相互融合。两种制度的选择没有孰优孰劣,只是当时立法所体现的价值不同罢了。

2. 我国应吸收域外立法技术的优点,完善自身制度,使之更加公正合理。不停止执行原则的立法理念侧重于对行政效率的保护,而停止执行原则侧重于对相对人权益的保障。根据司法实践的特点,对比与我国类似的其他国家立法,不停止执行原则侧重对"停止执行"的完善。我国立法应当明确适用该原则的行政行为类型,规定诉中、诉前启动程序,规定暂时性权利保护措施等,在立法上实现对该原则的制度配套。

3. 对公定力理论产生质疑,行政行为公定力并非法定。行政行为的公定力是一种推定,是法律猜测性的结果,实际上肯定了行政的特权地位。一方面,由于公权力的天然优越性,在行政活动的过程中,行政主体与行政相对人已经处于一种不平等的地位。另一方面,在有限的司法资源中,主观上就肯定行政行为的合法有效性,审判相对人的行为,在诉讼过程中就造成了双方的不平等性,违背了法律面前人人平等,不符合行政救济的法治理念。[1]

五、我国不停止执行原则的缺陷

(一)不停止执行原则在相关立法上的冲突

首先,体现最明显的冲突点在《行政诉讼法》第 56 条和第 97 条。《行政诉讼法》第 56 条规定:"诉讼期间,不停止行政行为的执行。"这是行政诉讼中确立诉讼不停止执行原则的直接依据。根据本条的规定,如果诉讼期间不存在本条但书所列举的三类停止执行的具体情形,所有的具体行政行为都不因相对人起诉而停止执行。而《行政诉讼法》第 97 条规定:"公民、法人或者其他组织对行政行为在法定期间不提起诉讼又不履行的,行政机关可以申请人民法院强制执

---

〔1〕 参见黄学贤:《行政诉讼中的暂时性法律保护制度探讨》,载《东方法学》2008 年第 4 期。

行,或者依法强制执行。”该条确立了我国非诉行政强制执行的基本模式,即以申请法院执行为主,具有强制执行权的行政机关自己执行为辅。根据此条的规定,当相对人对具体行政行为的合法性产生质疑时,其肯定是不会履行行政行为所确定的义务,甚至于也会在法定期限内怠于行使自己的诉权,而根据《行政诉讼法》第56条的规定,行政执法行为不停止执行;第97条规定,在诉讼期间,享有强制执行权的行政机关照样可以强制执行。此时,这两条法律规定是相吻合的。但是,享有行政强制权的主体毕竟是少数,主要有公安、税务、海关、国安、县级以上政府,而大部分的行政主体是没有行政强制执行权的,只能依法申请法院强制执行。

那么根据最高人民法院《关于执行〈中华人民共和国行政诉讼法〉若干问题的解释》第87条规定:“法律、法规没有赋予行政机关强制执行权,行政机关申请人民法院强制执行的,人民法院应当依法受理。法律、法规规定既可以由行政机关依法强制执行,也可以申请人民法院强制执行,行政机关申请人民法院强制执行的,人民法院可以依法受理。”此时,在诉讼期间,事实上具体行政行为是停止执行的。另外,根据最高人民法院《关于执行〈中华人民共和国行政诉讼法〉若干问题的解释》第93条规定:“人民法院受理行政机关申请执行其具体行政行为的案件后,应当在30日内由行政审判庭组成合议庭对具体行政行为的合法性进行审查,并就是否准予强制执行作出裁定。”也就是说,向法院申请强制执行之后,法院也不是马上就能强制执行。法院还需要在一段时间内对行政行为的合法性问题进行审查,才能决定是否要强制执行。由此可以看出,诉讼不停止执行原则又不适用于申请法院强制执行的那些行政行为,而“不停止执行原则”作为行政法上的一项原则,应是在大多数情况下通行的制度,而根据上述所论,该原则只在少数情形下才适用,所以,并不应该将其称为原则。

其次,根据最高人民法院《关于执行〈中华人民共和国行政诉讼法〉若干问题的解释》第95条规定:“被申请执行的具体行政行为有下列情形之一的,人民法院应当裁定不准予执行:(一)明显缺乏事实根据的;(二)明显缺乏法律依据的;(三)其他明显违法并损害被执行人合法权益的。”法院对被申请执行的具体行政行为要进行“明显违法性审查”,根据诉讼不停止执行的规定,该行政行为的前提应该是合法有效的,而法院审查其合法性,其前提是该行政行为的效力待定。这明显就是相互矛盾的。由此可知,《行政诉讼法》第56条和第97条直接冲突。

最后,上述对法条的阐释,直接证明了《行政处罚法》第45条与《行政诉讼法》第97条之间的冲突。《行政处罚法》第45条规定:“当事人对行政处罚决定不服申请行政复议或者提起行政诉讼的,行政处罚不停止执行,法律另有规定的除外。”这与《行政诉讼法》第56条的精神相一致,肯定了行政行为不因起诉而停止执行,但同样与《行政诉讼法》第97条相冲突,具体内容参见上面的论述。

(二)与《行政诉讼法》的宗旨相违背

《行政诉讼法》第1条规定:“为保证人民法院公正、及时审理行政案件,解决行政争议,保护公民、法人和其他组织合法权益,监督行政机关依法行使行政职权,根据宪法,制定本法。”该条开门见山地阐明了《行政诉讼法》的立法宗旨,即保护公民、法人和其他组织合法权益的同时监督行政机关依法行使行政职权。而作为行政诉讼法基本原则的不停止执行原则必然也应该符合诉讼法的宗旨。而根据《行政诉讼法》第56条的例外规定,法院认为“执行将会造成难以弥补的损失”或者“执行会给国家利益、社会公共利益造成重大损害”时,可以裁定停止执行,其中“难以弥补”和“重大损害”是一个抽象的概念,很难界定它的标准,原则上法院也是坚持不停止执行,停止执行规定流于形式。这显然是没有体现《行政诉讼法》作为一种救济法所应该坚持的立法宗旨。[1] 诉讼期间不停止执行原则承认了行政执法过程中行政主体的强权地位,弱化了行政相对人作为弱势群体的利益保护,难以平衡行政法律关系中“权力”与“权利”的关系,有违“当

---

〔1〕 参见刘晓俭、李曼曼:《对行政诉讼不停止执行的法律思考》,载河南法网,http://hnfy.chinacourt.org。

事人在行政诉讼中的法律地位平等"[1]的法治理念。

（三）违背了《国家赔偿法》的理念

国家之所以颁布《国家赔偿法》不是仅仅因赔偿而赔偿，因补偿而补偿，它其实是对行政行为在行政执法过程中难免出现的违法行政而作出法律上的救济，尽力地弥补当事人的损失，是国家体现权威性和公信力的表现。但我国在国家赔偿争议上，其国家赔偿的范围和赔偿的标准是有局限性的，相对人从国家赔偿中挽回的损失是有限的，甚至于是象征性的。此时，因不停止执行原则而造成的违法行政，不仅加剧了相对人的诉讼成本，损害其合法权益，而且影响了行政效率，损害政府的公信力，也严重违背了《国家赔偿法》的法治理念。

六、对不停止执行原则的修正

自1989年《行政诉讼法》施行以来，在当时的社会条件下，这部法律在我国法治进程现代化过程中起着举足轻重的作用。其中"不停止执行原则"在行政救济方面，对于转型时期的中国来说，注重国家利益、社会公共利益、政府权威，对当时社会的稳定发挥着重大的作用。然而，伴随改革开放的深入，法治化进程的加快，行政权力越加膨胀，公民合法权益受到漠视，社会群体性事件肆意蔓延。公定力理论、国家权威学说受到"法治人权""服务政府"理念的质疑，人们越来越追求司法的公正。[2] 从目前各国和地区的立法及判例来看，虽然基于不同的法治基础和历史背景，总体而言在行政救济法上，毫无例外的，要么是以不停止执行为原则，以停止执行为例外的"不停止执行"制度；要么是以停止执行为原则，以不停止执行为例外的"停止执行"制度。这两种制度的设计，并不仅仅只是语言上的相反，而存在更深层的立法政策和价值取向的不同，孰优孰劣，不能

---

〔1〕 参见《中华人民共和国行政诉讼法》第8条：当事人在行政诉讼中的法律地位平等。

〔2〕 参见许炎：《行政法上不停止执行原则之思考与重构》，武汉大学2004年硕士学位论文，第35页。

一概而论。[1] 但随着“控权论”“平衡论”“服务论”的相继提出，结合我国的实际国情以及行政法学理论的新发展，笔者认为，我国建立停止执行原则是发展的趋势。

（一）选择停止执行的理论依据

1 符合人民主权的基本要求

卢梭认为，主权是公意的具体表现。马克思在《马克思恩格斯全集》第一卷中也指出：“在人民的主权不是从国王的王权中派生出来的，相反地，国王的王权倒是以人民的主权为基础的。”[2] 这也符合我国政治上所述，人民是国家的主人。因此，在民主政治的理念下，在尊重宪法的前提下，应尽可能限制政府的权力，保障公民的自由和权益。若一味地追求行政效率，忽视公民的权利，将有损我国法律秩序的健康发展。因此，停止执行原则有利于缓解相对人与政府之间的对立情绪，平衡公民权利与政府权力。

2. 符合暂时权利保护学说的理论

在行政管理过程中，行政相对人处于弱势地位，对其实施倾斜性保护，已成为行政救济制度的一大特点和发展趋势。德国已将“暂时权利保护”写进宪法。“迟到的正义是非正义”，如果行政相对人权益只有经过司法裁判后才能获得确定的保障，至少应该在行政诉讼中设置临时性的权利保护措施，避免对相对人的权利造成不可挽回的伤害。

3. 体现分权与制衡的精神

孟德斯鸠说：“一切有权力的人都容易滥用权力，这是万古不变的一条经验。”“要防止滥用权力，就必须以权力约束权力。”[3] 要使公民的权利得到充分的保障，政府的权力必然要进行收缩。国家权力在运作过程中，只有当各种权力

---

〔1〕 参见张文显著：《法理学》（第 3 版），法律出版社 2007 年版，第 234 页。

〔2〕 中共中央马克思、恩格斯、列宁、斯大林著作编译局：《马克思恩格斯全集》（第 1 卷），人民出版社 1956 年版，第 279 页。

〔3〕 [法]孟德斯鸠：《论法的精神》（上），张雁深译，商务印书馆 1983 年版，第 132 页。

达到一种平衡的状态时,才能最大化地保证社会的良序发展。作为公法的行政诉讼,“公权力”在日益膨胀,“私权利”在被挤压。这种不平等的权力关系发展到司法领域,有悖于法律平等要求,使司法审查流于形式。“停止执行”就是缓解这种不平等的原则。

(二)选择停止执行原则的现实需求

1. 确立诉讼停止执行的原则符合行政救济的要求

现代行政已从管理型逐步向服务型行政转变。虽然现在授予行政相对人一定利益的授益性行政行为越来越多,但行政机关实施的限制或剥夺相对人权利的负担性行政行为仍占绝大多数。“不停止执行原则”名为公共利益,但何为“公共利益”并没有可衡量的标准,使以保护行政相对人权益为基本出发点的例外之规定流于形式。为了更好地实现行政诉讼法保障公民权益的功能,避免相对人的权益在行政诉讼中继续遭受不可挽回的损失,也应确立停止执行原则。

2. 停止执行原则符合《行政诉讼法》的立法宗旨

作为有“小宪法”之称的《行政诉讼法》应同宪法一样,是人民权益的保障书。我国著名行政法学者马怀德教授认为,我国现行《行政诉讼法》的唯一目的就是保护行政相对人的合法权利。《行政诉讼法》开宗明义,行政诉讼的宗旨乃是在保护公民、法人和其他组织合法权益的同时维护和监督行政机关依法行使职权。很明显监督行政机关依法行使职权是手段,其最终目的仍然是保护相对人的合法权益。在行政法律关系中行政主体较之于行政相对人本就处于强势地位,如果在诉讼程序中还要加重这种不平衡的状态,就违背了法的正义价值。[1]“停止执行原则”正是对“权利”与“权力”之间的平衡,倾斜于保障相对人的权益,符合法的价值理念。

---

〔1〕 参见赵祥生、傅刚:《复议期间具体行政行为不停止执行的规定值得商榷》,载《中国行政管理》1994年第9期。

3. 确立停止执行的原则可以有效解决我国立法规范上存在的冲突

如前文所述,采取不停止执行原则,其适用的范围仅在有强制执行权的行政机关进行不停止执行时,才与《行政诉讼法》第56条确立的原则相吻合,而在行政机关不享有行政强制执行权时,它在法律条文的适用上出现了严重冲突,甚至在不同的行政法律之间也存在严重的不协调,这对其被称之为一项行政法上的原则提出了挑战,更加对我国行政法律体系的完整性造成了极大的损害。[1] 而如果以"停止执行"为原则,不仅有效化解法律条文之间的冲突,而且实现法律体系上的完整性,更加有利于我国行政法制的发展。

(三)完善建议

1. 应明确规定诉讼停止执行原则适用的行政行为类型,而不应简单地将停止执行的行政行为规定为具体行政行为。在立法修正中应明确规定停止执行原则一般不适用于授益性行政行为,诉讼停止执行原则一般适用于负担性行政行为。在一个行政法律关系中存在两个以上行政相对人的情况下,对一方行政相对人来讲该行政行为可能是授益性行政行为,对另一方行政相对人来讲该行政行为可能就是负担性行政行为。明确行政行为的分类,不仅有利于确定行政行为的具体内容,而且也有利于法院对行政行为作出相应的司法判定。[2]

2. 将我国《行政诉讼法》第56条修改为:"行政诉讼期间停止具体行政行为的执行。有以下例外情形时,不停止具体行政行为的执行,(一)被告认为需要不停止执行的;(二)原告或者利害关系人申请停止执行,人民法院认为该行政行为的执行会造成难以弥补的损失,并且停止执行不损害国家利益、社会公共利益的;(三)人民法院认为该行政行为的停止执行会给国家利益、社会公共利益造成重大损害的;(四)法律、法规规定不停止执行的。"其中最后的兜底条款最

---

〔1〕 参见陈霜玲:《不停止执行原则的反思与变革——比较法的维度》,西南政法大学2003年硕士学位论文,第44页。

〔2〕 参见许炎:《行政救济法上不停止执行原则的再思考》,载《行政法学研究》2006年第1期。

好结合“特别法优于一般法”[1]的价值位阶，在劳动关系、抚养诉讼、环境污染等紧急特殊行政诉讼法律关系中，适用不停止执行原则，保障弱势群体的基本生活需求，形成各法律体系上的有效统一。

3. 在行政审查过程中，效仿德国行政法上的创举，即阶段性审查模式。[2] 诉讼期间，法院对被诉行政行为的审查分为两个阶段，在前一阶段时，受诉法院首先在程序上对被争议的行政案件进行相应的判定，如果行政相对人最终赢得诉讼的胜率较大则停止被诉行政行为的执行；如果行政相对人最终赢得诉讼的希望渺茫则不停止被诉行政行为的执行。如果因为被争议的诉讼案件过于复杂以至于法院不能对行政相对人有无胜算及胜算的概率作出大致的判定时，则此时应进入到下一阶段的审查中，即法院对社会公共利益和行政相对人的利益进行衡量的利益衡量阶段。这与最高人民法院《关于执行〈中华人民共和国行政诉讼法〉若干问题的解释》第95条规定相吻合，法院审查的前提是认为行政行为的合法性待定。

4. 完善国家赔偿和补偿机制。尽可能将行政相对方合理的期待利益纳入行政赔偿范围之中，明确界定应该赔偿的标准，统一行政补偿机制。[3] 另外，健全行政救济制度中关于保全制度的规定，如果申请人申请执行具体行政行为，可以要求其缴纳一定的保证金，对被执行的一方予以保护。

七、结语

现行法律规定的以不停止执行原则为主的制度，对我国当时法制建设起到重要作用。但随着社会的进步，公民民主法治观念的提升，立法应当更加重视对

---

〔1〕 参见刘蕾：《论我国行政诉讼不停止执行原则》，载《连云港职业技术学院学报》2012年第2期。

〔2〕 参见彭情宝：《德日两国起诉(不)停止执行原则之比较》，载《温州大学学报》2008年第6期。

〔3〕 参见顾昂然著：《新中国的诉讼、仲裁和国家赔偿制度》，法律出版社1996年版，第101页。

行政相对人权益的保护。本文简单地分析了不停止执行的理论基础,以及司法实践因不停止执行制度所带来的问题,提倡我国行政法制应该借鉴西方行政法上停止执行原则,解决我国现存法制中出现的冲突。而关于行政法上停止执行原则的适用在宪法的制度设计以及与地方组织法上的衔接问题还有待进一步研究与思考。

后　　记

2014 年 11 月 1 日，适逢《行政诉讼法》修正之际，江南大学行政法治研究中心举办了“行政诉讼法修正研讨会”，对行政诉讼法修正案进行了热烈的讨论。正当大家兴致勃勃、满腔激情地准备为立法机关建言献策之时，传来了《行政诉讼法》修正案通过的消息，大家既兴奋又遗憾，一方面，感到会议日期极为巧合，我们的脉搏与国家立法机关按照同一频率跳动；另一方面，我们自以为关乎国家大计的各种苦心良策错过了发挥作用的时机。其实，行政法治建设没有止境，我们还在路上，只要我们有一片热忱，就不至于报国无门。

2017 年 11 月 4 日，我们一群关心行政法治建设的志同道合的先学后进重新聚首，再次就《行政诉讼法》的实施进行研讨，不过这次增加了讨论的议题，拓宽了会议的内容，将《行政复议法》《行政监察法》纳入进来。因此，会议名为“第二届行政救济法研讨会”。一方面，此次会议为 2014 年会议的承继者；另一方面，我们准备在议题拓宽之后定期举办下去，使之成为一个长期延续的学术活动。

《行政监察法》是否属于行政救济法的范畴，是一个可以讨论的问题。行政法学的前辈北京大学法学院的姜明安教授在他新出版的行政法学教材中将行政监察法归入行政救济法之内。就中国传统文化而言，拦轿喊冤，期盼青大大老爷的做法或心理，戏剧中常见的监察御史、钦差大臣的形象，也说明行政监察的确是古代中国行政救济的一个途径，甚至是一个主要的途径。当前大量信访的存在也是这种文化心理和法制背景的一个折射。孙中山先生将西方的三权分立演变为“五权宪法”，将监察视为中国传统制度文化精华之一。因此，论坛将行政监察纳入议题也有其法制文化基础。当然,面对《行政监察法》到《国家监察法》的变迁,我们的讨论远远不够,法治建设、法学研究任重道远。需要说明的是,几篇关于监察法的论文写作于《国家监察法》出台之前,在该法出台之后展现给读者,未免显得过时。但是,换一个角度来看,读者恰恰可以检验一下作者的建议对策乃至整个思路是否有先见之明,是否仍有可取之处,请读者明鉴。

这次会议论文来自全国各地热心行政救济法研究的学术同道,水平不一,观点各异,但是,对行政法治建设的热忱溢于言表,让人感动。对其中的见解,如读者有疑议,欢迎下次论坛前来挑战。只当行政救济法论坛是一个擂台,希望大家多多参与,比武切磋。行政救济法与行政法学的其他议题相比是一个稍显冷落的领域,希望本论坛能够为其加热。

感谢各位论文作者,感谢所有的会议参与者,包括贡献了精彩观点而没有留下文字的实务工作者。

希望"行政救济法论坛"越办越好。

江南大学法学院　曾祥华

2018 年 6 月 2 日于无锡天景花园

图书在版编目(CIP)数据

行政救济法论 : 第二届行政救济法论坛论文集 / 曾祥华, 王琼雯主编. -- 北京 : 法律出版社, 2019
ISBN 978-7-5197-3205-9

Ⅰ. ①行… Ⅱ. ①曾…②王… Ⅲ. ①行政复议-中国-文集②行政赔偿-中国-文集③行政诉讼-中国-文集 Ⅳ. ①D925.304-53②D922.114-53

中国版本图书馆 CIP 数据核字(2019)第 038155 号

行政救济法论
——第二届行政救济法论坛论文集
XINGZHENG JIUJIFALUN
—DI-ER JIE XINGZHENG JIUJIFA LUNTAN LUNWENJI

曾祥华　王琼雯 主编

策划编辑 郑　导
责任编辑 郑　导
装帧设计 汪奇峰

出版 法律出版社
总发行 中国法律图书有限公司
经销 新华书店
印刷 永清县金鑫印刷有限公司
责任校对 杨锦华
责任印制 张建伟

编辑统筹 独立项目策划部
开本 720 毫米×960 毫米 1/16
印张 13.25
字数 167 千
版本 2019 年 3 月第 1 版
印次 2019 年 3 月第 1 次印刷

法律出版社/北京市丰台区莲花池西里 7 号(100073)
网址/www.lawpress.com.cn
投稿邮箱/info@lawpress.com.cn
举报维权邮箱/jbwq@lawpress.com.cn
销售热线/010-83938336
咨询电话/010-63939796

中国法律图书有限公司/北京市丰台区莲花池西里 7 号(100073)
全国各地中法图分、子公司销售电话:
统一销售客服/400-660-6393
第一法律书店/010-83938334/8335　西安分公司/029-85330678　重庆分公司/023-67453036
上海分公司/021-62071639/1636　深圳分公司/0755-83072995

书号:ISBN 978-7-5197-3205-9　**定价**:49.00 元
(如有缺页或倒装,中国法律图书有限公司负责退换)